Strategic Foresight

Klaus Götz
Andreas Weßner

Strategic Foresight

Zukunftsorientierung im strategischen Management

PETER LANG
Frankfurt am Main · Berlin · Bern · Bruxelles · New York · Oxford · Wien

Bibliografische Information der Deutschen Nationalbibliothek
Die Deutsche Nationalbibliothek verzeichnet diese Publikation in der Deutschen Nationalbibliografie; detaillierte bibliografische Daten sind im Internet über http://dnb.d-nb.de abrufbar.

Umschlaggestaltung:
Olaf Glöckler, Atelier Platen, Friedberg

Gedruckt auf alterungsbeständigem,
säurefreiem Papier.

ISBN 978-3-631-59910-5

www.peterlang.de

Vorwort

Wie können Methoden des Strategic Foresight in die strategischen Prozesse im Unternehmen integriert werden und wie sollen Praxisprobleme angegangen werden, die die Umsetzung eines integrativen Ansatzes erschwert haben oder diesen sogar unmöglich erscheinen lassen? Wie lange beflügelt die Globalisierung noch die Weltwirtschaft? Mit welchen Rohstoffpreisen muss in Zukunft gerechnet werden? Wo entstehen die Märkte von morgen? Welche Kunden prägen diese Märkte? Wie sieht unsere Branche dann aus?

Methoden des Strategic Foresight - der strategischen Zukunftsforschung im Unternehmen - werden angesichts dieser zunehmenden Dynamik und Unsicherheit künftig eine Schlüsselrolle einnehmen. Sie unterstützen Prozesse der strategischen Entscheidungsfindung (Strategieentwicklung, strategische Planung) wie auch der Strategieimplementierung.

Strategische Entscheidungen sollen - auch und gerade in den stürmischen Zeiten fortschreitender Globalisierung, internationalisierter Märkte und unter verschärften Wettbewerbsbedingungen durch neue Technologien, neue Produkte und neue Marktteilnehmer - den langfristigen Erfolg eines Unternehmens sicherstellen. Langfristig können ganze Branchen neu entstehen, andere werden verschwinden. Prognostizierbar, also berechenbar, sind solche Entwicklungen nicht. Antizipation möglicher Entwicklungen („Zukünfte") durch Denken in Alternativen ist aber eine gangbare Möglichkeit, mit der Unsicherheit im Hinblick auf zukünftige Entwicklungen umzugehen.

Die Verfasser danken Frau Karin Mühlbeyer für die mehrfache Durchsicht, Überarbeitung und Fertigstellung des Manuskripts.

Landau und Speyer, im Winter 2009

Klaus Götz
Andreas Weßner

Inhaltsverzeichnis

Abbildungsverzeichnis

Tabellenverzeichnis

1 Einleitung

„Prediction is hard, especially if it's about the future“

(Niels Bohr, 1922)

Ziel des vorliegenden Buches ist es, auf Basis der Literatur und aktueller empirischer Forschungsarbeiten zu Strategic Foresight im Kontext des strategischen Managements darzustellen, wo bei der Integration beider Ansätze in der betrieblichen Praxis Probleme entstehen. Dies betrifft die prozessuale Ausgestaltung der Foresight-Aktivitäten in Unternehmen, d. h. die prozessuale Einbettung von Strategic Foresight im Rahmen des strategischen Managements. „Preparing an organisation to anticipate that it could face a number of environments that are fundamentally different from the present is a radical departure from standard practice for most“ (Ratcliffe, 2006, p. 40). Daraus ergibt sich die Frage, wie Unternehmen mit diesem Problem umgehen.

Strategic Foresight verfolgt das Ziel strategische Entscheidungen zu unterstützen, um das Unternehmen im Wettbewerb optimal zu positionieren. Von der Praxis wird demgegenüber jedoch ein Mangel an Wissen über eine zweckmäßige organisatorische Verankerung der Zukunftsforschung, deren prozessuale Ausgestaltung, des zu wählenden Prognosehorizonts sowie die inhaltliche Ausrichtung der Analysen beklagt (vgl. Gruber & Venter, 2006, S. 958). Wir wollen daran anknüpfen, da in diesem Zusammenhang doch die Gefahr einer Divergenz von Potenzial und Praxisnutzen besteht, verursacht durch die defizitäre prozessuale Ausgestaltung von Strategic Foresight (vgl. z. B. Gruber & Venter, 2006, S. 958; Ratcliffe, 2006, p. 40).

In **Kapitel zwei** werden zunächst wichtige Begriffsbestimmungen vorgenommen. Es wird definiert, was unter „Foresight“ und „Strategic Foresight“ zu verstehen ist.

Im Mittelpunkt der **Kapitels drei und vier** steht die Vorstellung und Abgrenzung des Themenkomplexes Strategic Foresight. Zunächst werden empirische Erkenntnisse zum Einsatz von Strategic Foresight in deutschen Unternehmen vorgestellt sowie theoretische Grundlagen der Zukunftsforschung als Ausgangsdisziplin des Strategic Foresight vorgestellt. Auf dieser Basis erfolgt abschließend die Besprechung des Kernbestandes des methodischen Spektrums des Strategic Foresight.

In **Kapitel fünf** geht es um die Darstellung grundlegender Strategieinstrumente. Dazu ist es notwendig, die theoretische wie historische Entwicklung des strategischen Managements zu berücksichtigen sowie die grundlegenden theoretischen Perspektiven des strategischen Managements darzustellen.

Es geht in den Kapiteln drei, vier und fünf um die theoretische Beschreibung der eingesetzten Instrumente und Methoden im Kontext des Strategic Foresight, insbesondere im Vergleich mit den Instrumenten des klassischen strategischen Managements. Dahinter steht die Annahme, dass die zur Anwendung kommenden Instrumente und Methoden beider Ansätze wesentliche Grundlage einer erfolgreichen organisationalen Verankerung und prozessualen Integration im Unternehmen sind, diese aber auch behindern können. Konkret geht es darum, grundsätzliche Probleme bei der Integration von Strategic Foresight und den Instrumenten des strategischen Managements herauszuarbeiten sowie zu klären, welche Foresight-Methoden geeignet sind, traditionelle Strategieinstrumente sinnvoll zu ergänzen. Dabei sollen insbesondere die den jeweiligen Instrumenten und Methoden zugrundeliegenden theoretischen Annahmen beider Ansätze berücksichtigt werden.

Im Weiteren interessiert uns in **Kapitel sechs** der Einsatz von Instrumenten und Methoden des Strategic Foresight in der Praxis. Unsere Annahme ist hier, dass der Einsatz von Instrumenten und Methoden des Strategic Foresight sowie deren praktische Relevanz durch ähnliche Umstände limitiert ist, mit denen sich auch neuere Ansätze des strategischen Managements konfrontiert sehen. Hungenberg (2006, S. 67f.) verweist darauf, dass deren Sichtbarkeit in der Praxis weniger von der theoretischen und methodischen Fundierung abhängt als vielmehr von der (1) Verfügbarkeit zum richtigen Zeitpunkt, der (2) möglichen Ableitung klarer Handlungsempfehlungen sowie (3) der Frage, ob diese Erkenntnisse in der Sprache der Praktiker aufbereitet wurden. Entsprechend sind die Implementierungsprobleme von Strategic Foresight im betrieblichen Kontext elementarer Natur. In diesem Kapitel werden die Ergebnisse von Experteninterviews zur Integration von Strategic Foresight und strategischem Management vorgestellt. Des Weiteren werden Umfang des Strategic Foresight bei exemplarisch ausgewählten Unternehmen sowie Problemlagen bei der Integration von Strategic Foresight und strategischem Management diskutiert.

Nicht zuletzt wird die Frage geklärt, ob in den befragten (mittelständischen) Unternehmen überhaupt ein integrierter Ansatz hinsichtlich Strategic Foresight und strategischem Management verfolgt wird und welche Umsetzungsprobleme damit verbunden sind. Zudem interessiert in diesem Zusammenhang auch, ob die befragten Unternehmen Strategic Foresight grundsätzlich einen Nutzen im Sinne von 'Mehrwert' zusprechen, insbesondere gegenüber der ausschließlichen Verwendung traditioneller Methoden der strategischen Analyse und Planung sowie der Strategieentwicklung. Zu diesem Zweck wurden im Vorfeld der Expertenbefragung fünf Fragestellungen entwickelt, anhand derer der Interviewleitfaden erstellt wurde.

Das abschließende **siebte Kapitel** fasst die Ergebnisse zusammen und es werden Konsequenzen für Theorie und Praxis abgeleitet. Das Kapitel soll zugleich einen Ausblick auf künftige Forschungsfragen geben.

\- - -

Der Auseinandersetzung mit der Integration von Strategic Foresight und den Instrumenten des strategischen Managements liegen drei wesentliche Aspekte zugrunde.

(I)

Erstens ist die Beschäftigung mit der Zukunft für die meisten Unternehmen heute wichtiger denn je. Dies gilt auch und insbesondere für zukünftige Entwicklungen in einem mittel- bis langfristigen Zeithorizont. In diesem weiten Zeithorizont lassen sich zukünftige Entwicklungen auf Basis vergangenheitsbezogener Daten und statistischer Verfahren jedoch nicht seriös prognostizieren. Erschwerend kommt hinzu, dass für das einzelne Unternehmen relevante Entwicklungen in dessen Umfeld von einer Umweltanalyse, wie sie im Rahmen des strategischen Managements durchgeführt wird, nur zum Teil erfasst werden können. So orientiert sich die Umweltanalyse an dem für das Unternehmen gegenwärtig relevanten Umfeld, vernachlässigt jedoch andere Einflussfaktoren, die für das Unternehmen erst zukünftig große Bedeutung bekommen könnten.

Insbesondere in Zeiten internationalisierter Märkte und verschärften internationalen Wettbewerbs im Zuge der Globalisierung sehen sich Unternehmen mit einem hoch dynamischen Umfeld konfrontiert, dessen Entwicklung durch eine kaum überschaubare Vielfalt von Einflussfaktoren und beschleunigten Wandel geprägt ist. Konkrete Symptome eines hochdynamischen Umfeldes werden für viele Unternehmen und Branchen durch die Verkürzung von Produktlebenszyklen sowie die immer schnellere Verbreitung von neuen Produkten und Technologien spürbar (vgl. Pillkahn, 2008, S. 56ff.). Diese Umstände führen nicht zuletzt zu einem verschärften Wettbewerb, der seinerseits die Dynamik des Unternehmensumfeldes erhöht. Neue Wettbewerber erhöhen zudem die Komplexität in besonders attraktiven Märkten. „Komplexität hinterlässt ein Ohnmachtsgefühl. ... Komplexität bedeutet Instabilität und Unvorhersehbarkeit“ (Pillkahn, S. 60). In der IBM Global CEO Study (2008) befragte das IT-Unternehmen über 1.000 Führungskräfte aus Privatwirtschaft und Öffentlichem Dienst in über 40 Ländern weltweit auch zu diesen Themen. Unter anderem zeigte diese repräsentative Studie, dass die befragten internationalen Führungskräfte der Bewältigung dieses teils gravierenden Wandels zentrale Bedeutung beimessen und zugleich größte Probleme im Umgang mit derart dynamischen Umfeldbedingungen sehen (vgl. IBM, 2008, S. 15ff. und 47 ff.). An dieser Stelle setzt Strategic Foresight respektive Foresight oder Corporate Foresight an, wobei die Termini quellenübergreifend nicht einheitlich verwendet werden. Daher wird eine inhaltliche Abgrenzung des Konstruktes Zukunftsforschung im Unternehmen in Kapitel 2 vorgenommen.

Neben einer besonders langfristigen, über den Prognosehorizont hinausgehenden Orientierung, auf die einige Unternehmen branchenspezifisch mehr angewiesen sind als andere, ist das wesentliche Motiv für Strategic Foresight, mit der grundsätzlich wahrgenommenen Unsicherheit besser umzugehen und gegebenenfalls auch pro-aktiv handeln zu können (vgl. Becker, 2002, S. 4). „The importance of cultivating organisational foresight has long been identified as a critical feature in coping with the relentless change of the business environment" (Andriopoulus & Gotsi, 2006, p. 55).

Strategic Foresight soll also einen entscheidenden Beitrag dazu leisten, unternehmerische Entscheidungen wie auch das Unternehmen als Ganzes durch die Etablierung eines „organisationalen Weitblicks" zukunftsfähiger zu machen. Zum einen im Sinne einer methodischen Ergänzung, andererseits aber auch durch die Etablierung eines Verständnisses von alternativen, möglichen „Zukünften" in einem größeren Zeithorizont gegenüber der Vorstellung von der „einen", kurz- bis mittelfristig prognostizierbaren Zukunft. Insbesondere im Hinblick auf die strategische Positionierung gilt es, diese „Arena von Möglichkeiten" (Graf, 2003, S. 356) für das Unternehmen zu nutzen, um ein erfolgreiches Wirtschaften auf Dauer gewährleisten zu können. Die aktuelle Relevanz dieser Forschungsrichtung wird nicht zuletzt durch die gestiegene Zahl an Publikationen in Europa zu diesem Thema deutlich (vgl. Alsan, 2008, S. 47). Dennoch sind Publikationen, die sich mit Foresight im privatwirtschaftlichen Kontext, d. h. im Unternehmen befassen, in Deutschland wie im gesamten deutschsprachigen Ausland eine Ausnahme. Vor dem Hintergrund wettbewerbsrelevanter und somit besonders sensibler Daten und Informationen in diesem Themenfeld ist eine entsprechend restriktive Informationspolitik seitens der Unternehmen nicht überraschend. Entsprechend ist Strategic Foresight in deutschen Unternehmen aus wissenschaftlicher Perspektive kaum bearbeitet worden, insbesondere nicht im Hinblick auf mittelständische Unternehmen.

(II)

Zum Zweiten drängt sich eine Integration von Foresight und den Methoden des strategischen Managements, insbesondere der strategischen Analyse und Planung respektive der Strategieentwicklung, regelrecht auf. Strategisches Management steht wie kaum eine andere Aufgabe innerhalb einer Unternehmung unter dem Vorzeichen der langfristigen Zukunftsorientierung (vgl. Johnson, Scholes & Whittington, 2005, p. 34). Damit geht mit der Erarbeitung einer Strategie dasselbe Problem einher, dem sich auch die Zukunftsforschung verschrieben hat, nämlich der Umgang mit dem nicht zu Wissenden weil Zukünftigen. Der Einsatz von Foresight-Methoden zur Unterstützung der strategischen Entscheidungsfindung liegt also nahe. Dies belegen auch die zahlreichen internationalen Arbeiten zum Thema Strategic Foresight, die sich mit Foresight-Aktivitäten im Kontext des strategischen Managements beschäftigen, wenngleich dabei meist einzelne Methoden im Mittelpunkt stehen.

> To date, foresight research has been mainly the focus of strategy studies looking at tools such as forecasting, scenario planning and wild card management systems as different means for identifying potential futures and accordingly, developing strategic directions. (Andriopoulus & Gotsi, 2006, p. 64)

Tatsächlich finden sich seit den Anfängen der Strategischen Planung, die sich nicht zuletzt auch durch die Wahrnehmung einer zunehmend komplexeren, turbulent-dynamischen Umwelt und insbesondere vor dem Hintergrund der ersten Ölkrise 1973 etablierte, einige Methoden im strategischen Management, die auch zu den am weitesten verbreiteten Methoden der Zukunftsforschung zählen. Dies gilt ganz besonders für Frühwarnsysteme und Szenario-Analysen, aber auch das bei der Analyse der Unternehmensumwelt im strategischen Management Anwendung findende PEST-Schema weist offensichtliche Parallelen zu dem in der Zukunftsforschung für die Umfeldanalyse (environmental scanning) etablierten STEEP-Schema auf. Diese Ansätze sind nicht zuletzt den Anforderungen geschuldet, mit denen sich ein Unternehmen in einer komplex dynamischen Umwelt konfrontiert sieht sowie der Unmöglichkeit, die Zukunft vorherzusagen. „In einer instabilen und unsicheren Umwelt muss Ex-ante Rationalität durch Ex-post-Flexibilität und -Kreativität ersetzt werden“ (Bea & Haas, 2005, S. 11). Erfolgreiches Foresight kann genau diese Fähigkeit der (strategischen) Flexibilität durch frühzeitige Antizipation möglicher Alternativ-Zukünfte fördern und durch rechtzeitiges Erkennen aus potenziellen Gefahren ein kalkulierbares Risiko machen (vgl. Pillkahn, 2008, S. 165f.). Theoretische Abhandlungen, Ausarbeitungen und Vorschläge zur Integration beider Ansätze respektive eines integrativen Ansatzes, die strategisches Management, insbesondere die strategische Analyse und Planung sowie die Strategieentwicklung mit Foresight verbinden, existieren hinreichend (vgl. z. B. Ratcliffe, 2006; Ruff, 2006; van der Heijden, 2005; Voros, 2005; Costanzo, 2004; Alsan & Oner, 2003; Godet, 1994).

(III)

Zum Dritten stellt sich vor dem Hintergrund der skizzierten Notwendigkeit einer erfolgreichen langfristigen Orientierung der Unternehmen wie auch des oben beschriebenen theoretisch aufgezeigten Potenzials hinsichtlich der Ergänzung des strategischen Managements durch Methoden des Strategic Foresight die Frage nach der praktischen Umsetzung im Unternehmen. Setzen Unternehmen, die Foresight praktizieren, auf einen integrativen Ansatz, d. h. sind die eingesetzten Methoden der Zukunftsforschung in die Prozesse und Strukturen des strategischen Managements integriert und falls ja, wo und in welchem Umfang? Welche grundsätzlichen Probleme ergeben sich bei der Integration von Foresight im Kontext des strategischen Managements?

> Es ist zur Gewohnheit geworden, dass Expertenkommissionen gebildet werden, damit sie auf Fragen wie die folgenden Antwort geben: Wie groß wird die Bevölkerung eines Landes oder der Erde in zehn, fünfzehn, zwanzig Jahre oder am Ende des Jahrhunderts sein? Wie werden sich die Altersgruppen zusammensetzen, auf welche Gebiete wird sich die Bevölkerung verteilen, in welchem Maße sich auf die Ballungsgebiete konzentrieren? In welchem Verhältnis wird die Produktion steigen, in welcher Weise sich ihre Zusammensetzung und ihre Verwendung ändern? Wie stark wird der Energieverbrauch steigen, welche Formen wird er annehmen? Dasselbe für die Rohstoffe; und wo werden die Naturschätze gehoben, wie werden sich die Marktpreise verändern? (de Jouvenel, 1967, S. 11)

Das Konstrukt Zukunftsforschung steht seit den 1960er Jahren für das Bestreben Orientierungswissen zu erlangen, um insbesondere politische oder ökonomische Entscheidungen zu unterstützen. Im Gegensatz zu dem prognostischen Anspruch auf eine mehr oder weniger klare Vorhersage zukünftiger Entwicklungen versucht die Zukunftsforschung Möglichkeitsräume zu erkunden und Handlungsoptionen zu eröffnen. Die Methoden und Verfahren zur Erzeugung dieses Orientierungswissens werden in Kapitel 3 vorgestellt. Neben dem Begriff der Zukunftsforschung ist im deutschen Sprachraum auch der Begriff der Vorausschau, nicht zuletzt geprägt durch Bertrand de Jouvenels 1967 in deutscher Sprache erschienenes Buch „Die Kunst der Vorausschau“ (Originaltitel „L'Art de la Conjecture“, Original erschienen 1964) geläufig. Während einzelne Methoden der Zukunftsforschung breite Rezeption erfuhren wie bspw. Delphi-Befragungen und insbesondere die Szenariotechnik, konnte sich die Zukunftsforschung als wissenschaftliche Disziplin nicht etablieren. International existieren nur wenige wissenschaftliche Fachzeitschriften, in denen ausschließlich Aufsätze und Artikel zur Zukunftsforschung veröffentlicht werden.

> Im Gegensatz zur internationalen Entwicklung der Disziplin wurden in Deutschland im letzten Jahrzehnt keine übergreifenden Bestandsaufnahmen und kaum umfassendere Studien zu philosophisch-erkenntnistheoretischen, methodischen und praktischen Grundlagenfragen der Zukunftsforschung durchgeführt. (Steinmüller, 1997, S. 3)

Entsprechend ist der deutsche Begriff der Zukunftsforschung gegenüber den begrifflichen Abgrenzungen im angelsächsischen Sprachraum bzw. der internationalen Diskussion sehr allgemein gefasst.

2 Begriffsbestimmungen

Foresight ist analog im Sinne zum deutschen Begriff der Vorausschau als Vorstellung von Zukünftigem zu verstehen, in Abgrenzung zu *Forecast* im Sinne einer Prognose. Einige Autoren verwenden synonym zum Begriff Foresight den Begriff *Prospective* (vgl. z. B. Godet, 1994, Ratcliffe, 2006), der im Französischen für 'zukunftsorientiert' wie auch für die Zukunftsforschung als solche stehen kann. Im Rahmen der strategischen Planung nimmt eine Vorstellung von der Zukunft im Sinne einer erstrebenswerten Zukunft oder Zukunftsvision eine wichtige Rolle ein, kann jedoch in vielen Unternehmen nicht als gegeben betrachtet werden. „... Die Tatsache, daß ein Unternehmen das Ritual eines jährlichen Planungszyklus durchläuft und daß gewichtige Strategiepläne die Bücherregale der Führungskräfte zieren, sagt nichts darüber aus, ob die Firma wirklich eine einzigartige und fordernde ... Zukunftsvision besitzt“ (Hamel & Prahalad, 1995, S. 416). Darüber hinaus besteht der entscheidende Beitrag, den Foresight zu leisten imstande ist, jedoch nicht in einer ausgefeilteren Unternehmensvision, diese ist ohnehin dem normativen und nicht dem strategischen Management zuzuordnen (vgl. Thommen & Achleitner, 2003, S. 839).

Hinsichtlich des strategischen Managements kann Foresight vor allem die Etablierung einer Vorstellung von mehreren alternativen Zukünften gegenüber der klassischen Vorstellung der einen Zukunft, die mehr oder weniger gut prognostiziert werden kann, unterstützen. Die Annahme alternativer (möglicher, unmöglicher, wünschenswerter, wahrscheinlicher, usw.) Zukünfte und damit auch die Gestaltbarkeit der Zukunft ist eine der zentralen Grundannahmen moderner Zukunftsforschung und sollte sich somit auch im Rahmen von Strategic Foresight im Unternehmenskontext widerspiegeln.

Ein klassisches Beispiel, wie das Denken in Alternativen im organisationalen Kontext methodisch gefördert werden kann, sind Szenariotechniken. Die Verwendung des Begriffs Strategic Foresight im Kontext von Zukunftsforschung im Unternehmen wie auch im Rahmen der vorliegenden Studie impliziert also *Foresight* auch als organisationale Fähigkeit, d. h. als sozial verankerte Kompetenz eines Unternehmens (vgl. Tsoukas & Shepherd, 2004, p. 137) und nicht den individuellen Weitblick einer unternehmerischen Persönlichkeit im Sinne Alfred North Whiteheads. Dementsprechend ist die organisationale Verankerung des Foresight von besonderem Interesse, nicht nur im Hinblick auf die Qualität konkreter Ergebnisse, sondern gerade auch hinsichtlich der Integration und Partizipation von Mitarbeitern. Ratcliffe verdeutlicht dies am Beispiel der Szenariomethode. „The process of prospective through scenarios is often more important than the product“ (Ratcliffe, 2006, p. 52). Ob und inwieweit durch den Einsatz von Methoden des Strategic Foresight tatsächlich alternative Zukünfte bei der strategischen Planung berücksichtigt werden, ist allerdings offen und wird im Rahmen der qualitativen Befragung von Experten innerhalb dieses Buches noch thematisiert. Auch ist in diesem Zusammenhang von Interesse, inwiefern bei der Etablierung respektive Verankerung der oben beschriebenen organisationalen Fähigkeit *Foresight*-Probleme entstehen können und wie mit diesen umgegangen werden kann.

Der für uns relevante Aspekt der Zukunftsforschung kommt in den Spezifizierungen von Strategic Foresight respektive Corporate Foresight zum Tragen. Diese bezeichnen beide Foresight auf Unternehmensebene unter Einbeziehung von Prozessen, Akteuren sowie der Organisation als solcher. Im weiteren Verlauf unseres Buches findet analog zur Definition von Rohrbeck, Arnold und Heuer (2007) der Begriff des Strategic Foresight Verwendung. Im Terminus des Strategic Foresight spiegelt sich das Ziel eines solchen Ansatzes, die inhaltliche wie methodische Ergänzung des strategischen Managements, in besonderer Art wider. In diesem Zusammenhang ist darauf hinzuweisen, dass der in einigen Quellen verwendete Begriff des Corporate Foresight inhaltlich weitgehend deckungsgleich mit dem des Strategic Foresight zu verstehen ist; auch wird Zukunftsforschung im Unternehmen zum Teil allgemein als „Foresight" bezeichnet. Daher finden in den nachfolgend zitierten Quellen unter Umständen abweichende Termini Verwendung, d. h. rein begrifflich wird nicht nur auf Strategic Foresight, sondern auch auf Corporate Foresight beziehungsweise Foresight abgestellt.

Strategic Foresight ist in jedem Fall klar abzugrenzen von Zukunftsforschung im Sinne von Futurologie, die meist durch ein erhebliches spekulatives Moment geprägt ist und im Unternehmen zur strategischen Langfristplanung nichts beitragen kann. Entsprechend bevorzugen viele Unternehmensvertreter den Begriff Foresight gegenüber *Futures Studies*. „The term futures studies has been subject to criticism itself; some favoured the term *foresight* instead" (Schwarz, 2008, p. 243; Hervorhebung im Original).

Des Weiteren ist darauf hinzuweisen, dass es im Sinne von Strategic Foresight nicht darum geht, die Zukunft vorherzusagen oder auch nur zu prognostizieren, sondern vor allem darum, Veränderungen in der Unternehmensumwelt rechtzeitig zu erkennen bzw. zu antizipieren, um die Organisation auf zukünftige Herausforderungen vorbereiten zu können. Diese Auffassung spiegelt auch die Ergebnisse einer aktuellen Delphi-Studie wider, in der Vertreter führender deutscher Unternehmen zum Thema *Futures Studies* im Management befragt wurden. „The opinion was expressed several times that futures studies should focus less on prediction and more on detecting changes in the environment of an organization in order to develop robust organizations" (Schwarz, 2008, p. 243).

Hamel und Prahalad beschrieben in ihrem 1994 erschienen Buch „Competing for the Future" den Bedarf an Branchen-Vorausblick (Industry Foresight) im Sinne einer institutionalisierten Variante unternehmerischer Weitsicht bezogen auf das jeweilige Branchenumfeld (vgl. Hamel & Prahalad, 1994, S. 73ff.). Analog zu Tsoukas und Shepherd lässt sich Foresight im Sinne einer organisationalen Fähigkeit definieren als „... ability to see through the apparent confusion, to spot developments before they become trends, to see patterns before they fully emerge, and to grasp the relevant features of social currents that are likely to shape the direction of future events“ (Tsoukas & Shepherd, 2004, p. 137).

Rohrbeck (2008) differenziert hinsichtlich der wissenschaftlichen Klassifikation des Themenkomplexes zwischen Forecasting, Foresight, Strategic Foresight und Future Analysis (vgl. Abbildung 1).

Abbildung 1:
Vorschlag zur wissenschaftlichen Klassifikation der Zukunftsforschung (vgl. Rohrbeck, 2008, p. 2)

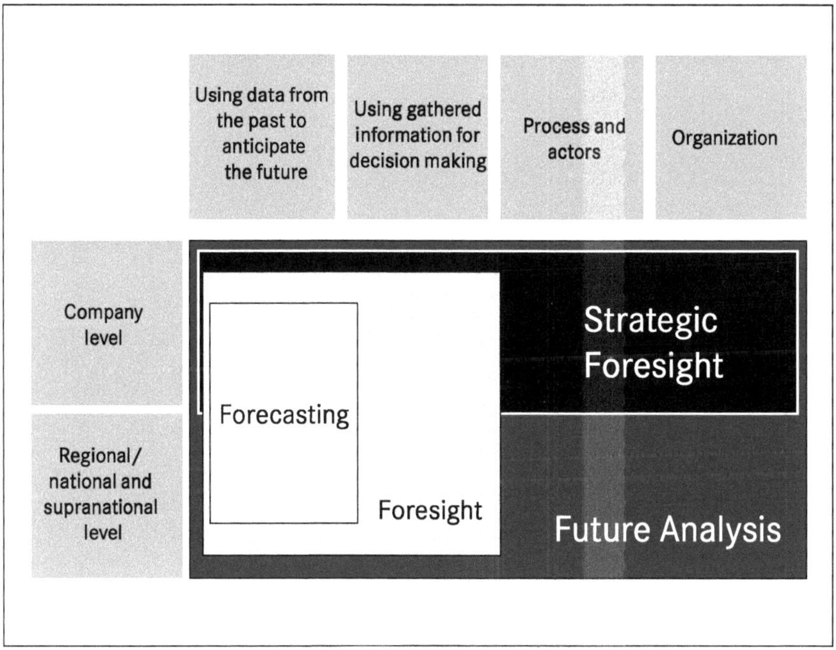

Strategic Foresight deals with the identification, assessment and usage of weak signals to recognize and give warning about threats and opportunities at an early stage. Sources of weak signals are the political, socio-cultural and competitive environments as well as science and technology. Strategic Foresight defines the methods, the actors, the process and the system needed to enhance the competitive position of a company. Strategic Foresight can be directed (monitoring, issue driven) or undirected (scanning). (Rohrbeck et al., 2007, p. 4)

Strategic Foresight impliziert also eindeutig die Nutzung von Methoden der Zukunftsforschung, wie z. B. Environmental Scanning, die neben dem direkten Wettbewerbsumfeld auch der Berücksichtigung politischer und soziokultureller Umfeldfaktoren wie auch technologischer Entwicklungen abseits des direkten Branchenumfeldes Rechnung tragen. Andererseits muss Strategic Foresight explizit auch die unternehmensinternen Prozesse und Akteure sowie die Organisations(-strukturen) berücksichtigen. Im Gegensatz zu Foresight, das auch von der öffentlichen Hand finanzierte Foresight-Aktivitäten bezeichnen kann (siehe dazu auch Cuhls, 2008), zielen die aus dem Strategic Foresight gewonnenen Erkenntnisse darauf ab, auf Unternehmensebene genutzt werden zu können.

3 Theoretische Grundlagen des Strategic Foresight

„Die Zukunft hat viele Namen. Für die Schwachen ist sie das Unerreichbare. Für die Furchtsamen ist sie das Unbekannte. Für die Tapferen ist sie die Chance.“

(Victor Hugo)

3.1 Historische Entwicklung

Die klassische Zukunftsforschung, wie sie sowohl hinsichtlich theoretischer Grundlagen als auch bezüglich der Methodenentwicklung im vorliegenden Kontext relevant ist, entwickelte sich nach dem Zweiten Weltkrieg, insbesondere seit den 1960er und 1970er Jahren. Die starke Affinität der Zukunftsforschung dieser Zeit mit der zeitgenössischen Vorstellung einer rationalen Durchdringbarkeit, Planbarkeit und Gestaltbarkeit aller Lebensbereiche lässt die Bezeichnung *klassisch* heute sinnvoll erscheinen (vgl. Neuhaus, 2006, S. 79). Wichtige Grundlagenarbeit leistete seit den 1940er Jahren Ossip K. Flechtheim, dessen Überlegungen bis heute Grundpostulate der Zukunftsforschung darstellen. Darunter die Annahme einer dynamischen, sich in ihren Grundstrukturen ändernden Welt, wobei dieser Wandel zumindest teilweise erkennbar sei und sich Richtung und Tempo der Änderungen in groben Zügen vorhersehen ließen (vgl. Steinmüller, 1997, S. 10); eine Annahme, die sich in ähnlicher Form auch im Kontext der schwachen Signale *(weak signals)* bei Ansoff (1988) wiederfindet. Hinzu kommt die Grundannahme, dass die Menschen in einem bestimmten Rahmen die Zukunft durch das Erkennen des Notwendigen, Möglichen und Gewollten aktiv gestalten können.

In diesem Sinne ist die Zukunft nicht etwas, das geschieht, sondern in weiten Teilen von menschlichem Handeln bestimmt ist. Die Gestaltbarkeit der Zukunft schließt nicht nur die Veränderbarkeit technischer, sondern vor allem auch die Veränderbarkeit nichttechnischer (gesellschaftlicher) Gegebenheiten mit ein. Aus diesen Überlegungen entwickelte Flechtheim den Ansatz einer stark normativ geprägten kritischen Futurologie, die sich nicht zuletzt um eine Verbesserung der gesellschaftlichen Verhältnisse bemühte (vgl. Neuhaus, 2006, S. 75). Unabhängig von der Normativität Flechtheims (1974, 1980) kritischer Futurologie „... ist der thematische Dreiklang *möglicher, wahrscheinlicher* und *wünschenswerter* Zukünfte als Gegenstände der Zukunftsforschung (bemerkenswert)“ (Neuhaus, 2006, S. 75). Darauf basiert die grundlegende Differenzierung von Prognosen (wahrscheinliche Zukünfte), Analyse, Spekulation und Kreativität (mögliche Zukünfte) sowie normativen Zukunftsbildern (wünschenswerte und plausible

Zukünfte) von einem breiter gefassten Möglichkeitsraum der Zukunft, wie er in der Szenariomethodik berücksichtigt wird.

Die Hochzeit der Zukunftsforschung bis in die 1970er Jahre hinein verkörpert vor allem Herman Kahn (1982, 1972), der sich mit militärstrategischen Fragestellungen befasste, sowie Dennis Meadows mit dem 1972 erschienenen Buch zu den „Grenzen des Wachstums“ (Limits of Growth, Club of Rome). Zugleich müssen sowohl Kahn als auch Meadows im normativen Kontext gesehen werden. Während Kahn den technisch geprägten Fortschritts- und Zukunftsoptimismus der 1960er Jahre widerspiegelt, steht Meadows für eine diametral andere, skeptische Perspektive. Beide verbindet, dass sie an ihren vermeintlichen Vorhersageansprüchen gemessen wurden, die jedoch 1973 mit der Ölkrise grundlegend erschüttert wurden. Damit wurde auch der Vorhersageanspruch der klassischen Zukunftsforschung grundsätzlich in Frage gestellt, erste Unternehmen (Shell) begannen sich mit Szenarien und damit Möglichkeitsräumen der Zukunft auseinanderzusetzen.

Bereits 1967 trat Bertrand de Jouvenel, der in seinem Buch „Die Kunst der Vorausschau“ (im Original „L'Art de la Conjecture“) wesentlich zur Entwicklung der Zukunftsforschung in Europa beitrug, für eine offene und nicht-deterministische Zukunftsforschung ein, indem er den Begriff der *Futuriblen* (vgl. de Jouvenel, 1967, S. 33ff.), der möglichen Zukünfte, in den Mittelpunkt rückte. Des Weiteren stellte er die prinzipielle Möglichkeit eines Wissens über die Zukunft in Frage. „So ist die Zukunft für den Menschen als handelndes Subjekt der Bereich der Freiheit, des Vermögens, für den Menschen als wissendes Subjekt der Bereich der Unsicherheit“ (de Jouvenel, 1967, S. 19). Eine in diesem Sinne offene Vorausschau, in der Literatur auch Prospektive genannt, kommt dem modernen Verständnis von Strategic Foresight in Abgrenzung zu Forecast respektive einer Prognose bereits sehr nahe (siehe Tabelle 1).

In der Folge kam es zu einer zunehmenden Ausdifferenzierung der Zukunftsforschung, darunter zu vielen Ansätzen, die die Möglichkeiten einer vorherwissbaren Zukunft bestreiten und jegliche Bemühungen diesbezüglich ablehnen (vgl. Neuhaus, 2006, S. 84f.). Wenngleich die Zukunftsforschung in zunehmendem Maße ihren Anspruch reduziert, die Zukunft auch nur annähernd prognostizieren zu können, werden die vielfachen Relativierungen eines Vorhersageanspruchs wie auch anderer Aussagen der Zukunftsforschung sowohl in der akzeptierenden als auch in der kritisierenden Rezeption vielfach als Vorhersagen mit mittlerer Reichweite verstanden.

Tabelle 1:
Gegenüberstellung Prognose versus Prospektive (vgl. Godet, 1994, S. 37)

	Charakteristika der klassischen Prognose *(forecasting)*	**Charakteristika der Prospektive**
Perspektive	Partiell, Annahme: ceteris paribus	Globaler Ansatz, Annahme: Nichts bleibt gleich
Variablen	Quantitativ, objektiv und bekannt	Qualitativ, nicht notwendigerweise quantifizierbar, subjektiv, bekannt oder unbekannt
Wechsel-beziehungen	Statisch, feste Strukturen	Dynamisch, sich verändernde (*evolving*) Strukturen
Erläuterung	Die Vergangenheit erklärt die Zukunft	Die Zukunft ist der Existenzzweck, die Daseinsberechtigung (*raison d'etre*) der Gegenwart
Zukunft	Einzig und gewiss	Multipel und ungewiss
Methode	Deterministische und quantitative Modelle (ökonometrisch, mathematisch)	Analyse der Intentionen von Akteuren; qualitative (strukturelle Analyse) und stochastische Modelle (Wechselwirkungsanalyse; *cross impacts*)
Haltung zur Zukunft	Passiv oder adaptiv (Zukunft passiert, *future comes about*)	Aktiv und kreativ (Zukunft wird herbeigeführt, *future brought about*)

Ein Versuch, diese vielfältigen Ansätze zu klassifizieren und insbesondere auch wissenschaftliche Ansätze von populär-wissenschaftlichen zu differenzieren, findet sich bei Slaughter (Slaughter, 2002, p. 495). Slaughter unterscheidet Pop-Futurismus von problemorientierten Zukunftsstudien sowie kritische und epistemologische Zukunftsstudien (siehe Abbildung 2).

Abbildung 2:
Differenzierung von Zukunftsstudien nach Slaughter (vgl. Slaughter, 2002, p. 495; Darstellung in Anlehnung an Keller, 2008, S. 45)

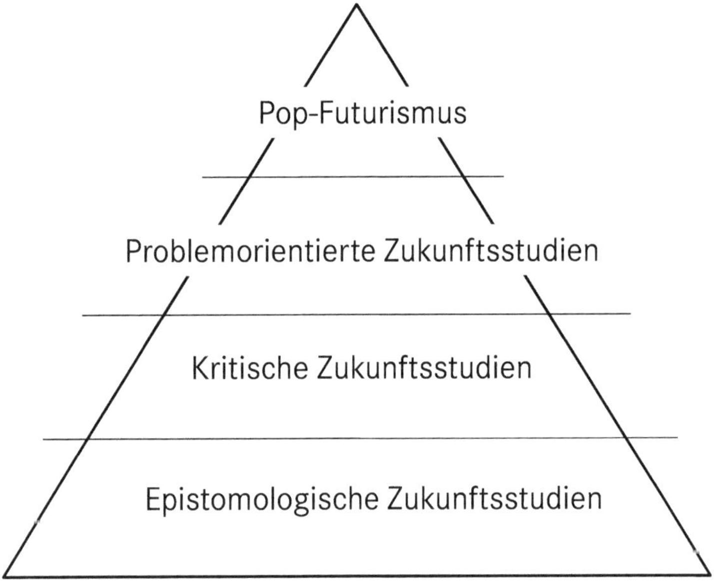

3.2 Empirische Erkenntnisse zu Strategic Foresight

Analog zur Randständigkeit des Themas *Strategic Foresight* respektive *Futures Research* oder *Futures Studies* in der Managementliteratur existieren nur wenige empirische Erkenntnisse zum Einsatz von Methoden aus diesen Bereichen in Unternehmen. Insbesondere zu Strategic Foresight in deutschen Unternehmen gibt es nur wenige empirische Arbeiten, die sich mit der Frage beschäftigen, ob einem solchen Ansatz ein spezifischer Nutzen für die Unternehmung zugeschrieben werden kann. Im Sinne des Prinzips der Wirtschaftlichkeit ist anzunehmen, dass die antizipierten Opportunitätskosten von den Unternehmen mindestens ebenso hoch eingeschätzt werden müssen wie die für Foresight-Aktivitäten eingesetzten Ressourcen (finanziell, personell), um einen solchen Ansatz ökonomisch zu rechtfertigen. Dahinter steht die Frage, welchen konkreten Beitrag Foresight zu einer erfolgreichen Unternehmensführung leisten kann und vor allem auch, welchen Methoden die größte Relevanz im Kontext unternehmerischen Handelns zugeschrieben wird. Bereits ältere Untersuchungen (Daheim, 2004; Becker, 2002; Kreibich et al., 2002) zeigten, dass die Hauptmotive für den Einsatz von Strategic Foresight in der Schaffung einer Wissensbasis zur Vorbereitung strategischer Entscheidungen, insbesondere zur Entwicklung neuer Geschäftsfelder und zur langfristigen Orientierung auf spezifischen Märkten, die dies in besonderem Maße erfordern, liegen.

Ein Beispiel für die Notwendigkeit einer spezifisch langfristigen Orientierung sind Märkte und Branchen mit besonders langen Produktlebenszyklen wie bspw. im Maschinenbau. Die Methoden, die dabei favorisiert werden, sind zumeist qualitativer Art wie Brainstorming, Szenariomethoden sowie Expertenbefragungen und -interviews, sporadisch auch Delphi (vgl. Daheim, 2004). Im betriebswirtschaftlichen Kontext werden jedoch meist quantitative Daten erwartet, während qualitative Daten skeptisch gesehen werden; zudem fehlt meist eine methodische Brücke zu etablierten Geschäftsprozessen (vgl. Daheim, 2004). Strategic Foresight geschieht daher methodisch wie prozessual oftmals wenig koordiniert, mögliche Synergieeffekte können nicht genutzt werden. Neuere Untersuchungen zu Foresight in kleinen und mittleren Unternehmen (KMU) zeigen, dass bei diesen die Umfeldbeobachtung im Sinne des Environmental Scanning überwiegt, die sich primär auf Desk Research, Medien- und Internetanalysen sowie Experteninterviews stützt (vgl. Daheim, 2004, S. 12). Grundsätzlich lassen empirische Studien (Daheim, 2004; Kreibich et al., 2002) den Schluss zu, dass die Relevanz und Bedeutung qualitativer Verfahren in den Unternehmen branchenunabhängig zunimmt.

Der Einsatz qualitativer Methoden ist in der Unternehmenspraxis jedoch problembehaftet. Hauptkritikpunkt aus Unternehmenssicht ist der große Bedarf an personellen Ressourcen sowie die relative Unschärfe der Ergebnisse, denen eine geringe Entscheidungsrelevanz nachgesagt wird (vgl. Schwarz, 2006, p. 243; Kreibich et al., 2002, S. 42).

Es ist anzunehmen, dass diese grundsätzliche Kritik an qualitativen Methoden insbesondere in technisch geprägten, mittelständischen Unternehmen eine wesentliche Rolle hinsichtlich des Umfangs des Strategic Foresights, des Methodeneinsatzes und nicht zuletzt der grundsätzlichen Akzeptanz eines solchen Ansatzes im Unternehmen spielt. Dennoch wird Foresight auf Unternehmensebene im Allgemeinen wie auch dem verstärkten Einsatz qualitativer Methoden in deutschen Unternehmen wachsende Bedeutung zugeschrieben. „... Corporate Foresight is on the rise in Germany. In addition there is a re-orientation from a technology-centred to a more holistic view, as well as a tendency to use more qualitative methods and combine and link these with and to the established quantitative approaches“ (Daheim, 2004). Im folgenden werden die wichtigsten

Ergebnisse zweier aktueller Studien aus den Jahren 2006 und 2008 zum Einsatz von Strategic Foresight im Management deutscher Unternehmen vorgestellt.

3.3 Zukunftsforschung im Management

Im Rahmen der Delphi-Studie, deren Ergebnisse 2008 veröffentlicht wurden (Schwarz, 2008), wurden über 46 Experten befragt, wobei der Schwerpunkt bei Experten aus Deutschland und dem deutschsprachigen Ausland lag. Die Experten rekrutierten sich aus den Bereichen Zukunftsforschung und Strategic Foresight (Think Tanks, Unternehmensberatungen, 22 %), Managern aus dem strategischen Management deutscher Unternehmen (62 %) sowie Wissenschaftlern (16 %).

Schwarz zeigte mit seiner Delphi-Studie zur Zukunft von Zukunftsforschung im Management (2006, Veröffentlichung der Ergebnisse in *Futures* 2008), dass Zukunftsforschung im Sinne von Strategic Foresight in deutschen Unternehmen an Relevanz gewinnen wird. Zum einen nutzt eine wachsende Zahl deutscher Unternehmen bereits Methoden aus dem Bereich der Zukunftsforschung für Foresight-Aktivitäten, andererseits lässt sich ein anhaltend starkes Interesse des Managements bezüglich dieses Themenbereichs feststellen (vgl. Schwarz, 2008, p. 237). Dies kann jedoch nicht darüber hinwegtäuschen, dass Strategic Foresight in deutschen Unternehmen bisher nicht sehr weit verbreitet ist und insbesondere in mittelständischen Unternehmen zu den außergewöhnlichen Ansätzen im Kontext des strategischen Managements zählt. Entsprechend existiert kaum Literatur, die sich mit der Integration von Foresight im Unternehmensumfeld praxisnah auseinandersetzt. Auch gibt es, bedingt durch die sensible Thematik zumeist wettbewerbsrelevanter Informationen auf diesem Gebiet, nur selten Fallbeispiele, die unternehmensspezifische Lösungen aufzeigen. Eine Ausnahme bildet hier die Studie „Corporate Foresight im Mittelstand" (Jannek & Burmeister, 2008), auf die später näher eingegangen wird.

Der Umstand, dass Zukunftsforschung im Allgemeinen von einer Vielzahl an Institutionen im öffentlichen wie privaten Bereich, im zivilen wie militärischen Kontext sowie bei NGO's eingesetzt wird und in Form des Strategic Foresight vor allem in Unternehmen sowie vereinzelten Unternehmensberatungen verbreitet ist, hat zu einer schwer überschaubaren Methodenvielfalt geführt (siehe Tabelle 2).

Tabelle 2:
A Simple Taxonomy of Futures Research Methods (vgl. Glenn, 2003, p. 10)

Method	*Quantitative*	*Qualitative*	*Normative*	*Explorative*
Agent Modeling		x		x
Causal Layered Analysis		x		x
Cross-Impact Analysis	x			x
Decision Modeling	x			x
Delphi Techniques		x	x	x
Econometrics and Statistical Modeling	x			x
Environmental Scanning		x		x
Field Anomaly Relaxation		x		x
Futures Wheel		x	x	x
Genius Forecasting, Vision, and Intuition		x	x	x
Interactive Scenarios		x	x	x
Multiple Perspective		x	x	x
Participatory Methods		x	x	
Relevance Trees and Morphological Analysis		x	x	
Road Mapping		x	x	x
Scenarios	x	x	x	x

Simulation-Gaming		x		x
State of the Future Index	x	x	x	x
Structural Analysis	x	x		x
Systems Modelling	x			x
Technological Sequence Analysis		x	x	
Text Mining		x	x	x
Trend Impact Analysis	x			x

Unternehmen, die ebensolche Methoden einsetzen möchten, kommen nicht umhin, diese für konkrete Praxisanforderungen zu adaptieren und vor allem im Kontext des strategischen Managements oder des Innovationsmanagements anschlussfähig an die internen Prozesse der Unternehmung zu machen. Hierzu müssen entsprechende personelle Kapazitäten gegeben sein. Zudem muss Strategic Foresight den betriebswirtschaftlichen Planungshorizonten Rechnung tragen. Auch die strategische Planung übersteigt einen Planungszeitraum von 10 Jahren nur bei den wenigsten Unternehmen (vgl. Kreibich et al., 2002, S. 28); die in der Zukunftsforschung berücksichtigten Zeithorizonte von bis zu 50 Jahren sind im betriebswirtschaftlichen Kontext unkalkulierbar.

Das Ziel von Strategic Foresight, angepasst auf die Anforderungen der unternehmerischen Praxis, muss entsprechend darin liegen, den bei strategischen Entscheidungen berücksichtigten Zeithorizont über die Grenzen der klassischen Prognose hinaus zu erweitern, zugleich aber einen Zeithorizont nicht zu überschreiten, bei dem das spekulative Moment jede Ableitung einer Handlungsempfehlung in Frage stellt. Auch diese Abwägung kann jedoch nur in den Unternehmen getroffen werden, abhängig von Märkten und Branchen. Foresight stellt also im betriebswirtschaftlichen Kontext ein nicht konkret definiertes Konstrukt dar, dessen Methodenvielfalt den Zugang zusätzlich erschwert. Zudem sind die am weitesten verbreiteten Methoden im unternehmerischen Kontext meist qualitativer Natur und mit einem relativ großen Ressourcenaufwand verbunden, insbesondere in personeller Hinsicht.

Schwarz (2008) kommt zu dem Schluss, dass eine wachsende Zahl deutscher Unternehmen Methoden aus dem Bereich *Foresight* einsetzt, insbesondere im Kontext des strategischen Managements. Zudem wächst die generelle Bedeutung von Zukunftsforschung in deutschen Unternehmen, wenngleich derartige Ansätze noch nicht allgemein etabliert sind.

> Futures studies are about to be recognized as an important part and an important tool for formulating corporate strategy. Futures Studies are not fully established in those corporations surveyed, but since the early 1990s their acceptance rises and looses its exotic status. (Schwarz, 2008, p. 239)

Hinsichtlich der in Unternehmen verbreiteten Methoden kommt Schwarz zu dem Ergebnis, dass Environmental Scanning, Trendmonitoring, Trendforschung *(trend* research) sowie strategische Früherkennung *(strategic early warning)* und Szenariotechniken noch vor quantitativen Verfahren wie z. B. Trendextrapolation die am stärksten verbreiteten Methoden darstellen (vgl. Schwarz, 2008, p. 240; Schwarz, 2006, pp. 108-109). Des Weiteren wird das vorhandene Methodenspektrum als ausreichend erachtet, problematisch erscheint jedoch die Implementierung im Kontext des strategischen Managements. Strategic Foresight ist zum Großteil nicht integraler Bestandteil des strategischen Managements in den Unternehmen der befragten Manager. „Only 18% of the members of this group stated that futures studies are an integral part of the planning process“ (Schwarz, 2008, p. 240). Die Integration von Strategic Foresight und strategischem Management wird erschwert durch ein Akzeptanzproblem auf der einen und die grundsätzlich problematische Integrationsfähigkeit auf der anderen Seite. Beides ist eng verbunden mit der im Managementkontext erwünschten, im Hinblick auf das Forschungsfeld Zukunft jedoch kaum zu realisierenden Messbarkeit - ein in der Literatur vernachlässigtes Problem, das jedoch großes Gewicht hat. „... This (the argument, that dealing with the future implies dealing with immeasurable phenomena) seems to be an issue which should be addressed and which should not be set aside too easily“ (Schwarz, 2008, p. 244). Eine erfolgreiche Implementierung impliziert einerseits, dass die Ergebnisse der Foresight-Aktivitäten den Ansprüchen der Rezipienten genügen sowie andererseits, dass die Ergebnisse anschlussfähig *(adaptable)* an konventionelle Vorgehensweisen im strategischen Management sind. Dies ist für Schwarz der Schlüssel zur Lösung des Akzeptanzproblems.

3.4 Corporate Foresight im Mittelstand

Die von der Unternehmensberatung Z-Punkt durchgeführte und durch das Bundesministerium für Bildung und Forschung (BMBF) im Rahmen der Innovations- und Technikanalyse geförderte Studie befasst sich explizit mit Corporate Foresight im Mittelstand. Auf Grundlage der Befragung von 115 mittelständischen Unternehmen wurden die motivationalen Aspekte zu Foresight-Aktivitäten im Mittelstand, das Methodenspektrum sowie sechs Foresight-Best-Practice

Fallstudien als Orientierungsmuster für andere mittelständische Unternehmen herausgearbeitet. Vertreter eines dieser Foresight-Best-Practice Unternehmen wurden auch im Rahmen der vorliegenden Studie befragt (siehe Kapitel 6).

Ausgangspunkt dieser Untersuchung ist, dass sich auch mittelständische Unternehmen zunehmend in Märkten und Unternehmensumfeldern bewegen, die durch hohe Dynamik wie auch Komplexität geprägt sind und sich daraus faktisch der Foresight-Bedarf ergibt; dies insbesondere im Zusammenhang mit Innovations- und regionalen Expansionsvorhaben (vgl. Jannek & Burmeister, 2008, S. 3). Die Foresight-Aktivitäten selbst sind jedoch im Vergleich zu größeren Unternehmen unterentwickelt, was nicht zuletzt auf die eingeschränkten Ressourcen, insbesondere bei kleineren Mittelständlern zurückzuführen sein dürfte. „... (Mittelständische Unternehmen) sammeln große Mengen marktnaher Informationen, verwenden dabei einfache Foresight-Analyse- und kaum Projektionsmethoden, um Zukunftsszenarien zu generieren und als Input für Strategie- und Innovationsprozesse zu nutzen“ (Jannek & Burmeister, 2008, S. 3). Konkret kommen in den befragten mittelständischen Unternehmen vor allem Methoden wie Publikations- und Internetrecherche, Brainstorming, Umfeldanalyse sowie Expertenbefragungen zum Einsatz. Traditionelle Foresight-Methoden wie Szenariotechnik, Roadmapping, Issue-Management und Experten-Delphi werden demgegenüber - anders als in Konzernen - kaum genutzt.

Dennoch zeigt die ebenfalls im Rahmen der Studie durchgeführte Analyse der Foresight-Best-Practices im Mittelstand, dass Foresight-Methoden wie Trendrecherche und Szenarien, die primär aus Großunternehmen und -konzernen bekannt sind, durchaus im Mittelstand Anwendung finden. Gegenüber Großunternehmen besteht zudem ein Unterschied in der engen Verzahnung von Foresight und Geschäftsentwicklung, die vermutlich aus der hohen Einbindung des Top-Managements in die Foresight-Aktivitäten resultiert. Insbesondere diese starke Einbindung des Top-Managements dürfte auch eine entscheidende Rolle im Hinblick auf die Integration von Strategic Foresight und strategischem Management spielen (vgl. Schwarz, 2006, p. 47).

Wissenschaftlich orientierte Arbeiten zur Zukunftsforschung machen die problemorientierten Zukunftsstudien aus (vgl. Slaughter, 2002, p. 498). Insbesondere im Rahmen des Strategic Foresight kommt dieser Form der Zukunftsarbeit große Bedeutung zu, stehen im betrieblichen Kontext in der Regel konkrete Problemlagen und Aufgabenstellungen im Fokus. Andererseits limitiert nach Hines jedoch auch der in der Praxis Anwendung findende Methodensatz die Leistungsfähigkeit eines derartigen Ansatzes, liege das größte Potenzial von Zukunftsarbeit im organisationalen Kontext doch gerade in den weiterführenden Ansätzen. „I think FS (future studies) itself will be challenged, as we too will have to adjust our tool kit away from the familiar, well respected tools we have been (overly) relying on for the last twenty years“ (Hines, 2002, p. 340)

3.5 Kritische Würdigung

Der Bedarf an einer Ergänzung der klassischen Methodik des strategischen Managements wird in der Literatur erkannt. Faktisch legen sich Unternehmen bei strategischen Entscheidungen immer wieder auf eine Zukunft fest, die sie nicht kennen können. Strategieentwicklung als Führungsdimension muss mit dieser nicht auflösbaren Grundparadoxie unternehmerischen Handelns einen gezielten Umgang finden. „Das heißt aber, sich von allen Vorstellungen an eine exakte Kalkulierbarkeit künftiger Entwicklungen zu verabschieden" (Nagel & Wimmer, 2008, S. 18). Gruber und Venter (2006, S. 978) leiten aus ihrer Untersuchung zum Einsatz von Foresight in deutschen Großunternehmen die für sie wegleitende Erkenntnis für das Management von Corporate Foresight ab, dass sich die langfristige Zukunftsforschung grundlegend von der Erstellung kurzfristiger Prognosen unterscheidet, wie sie in jedem Geschäftsbereich erfolgen.

Ein wesentliches theoretisches Problem bei der Integration von Strategic Foresight und strategischem Management besteht in der prinzipiellen Vereinbarkeit von Methoden der Zukunftsforschung, die analog zu den Entwicklungen der Disziplin seit den 1980er Jahren alternativ mehrere zukünftige Entwicklungsmöglichkeiten berücksichtigen. Demgegenüber steht aus wirtschaftlicher Perspektive die strategisch-normative Entscheidungsebene im Vordergrund (vgl. Graf, 2003, S. 361), Strategiearbeit zielt auf die konkrete Vorgabe „... der Ziele und des Kurses des Unternehmens ..." (Montgomery, 2008, p. 12) ab. Die Feststellung, die Strategiearbeit sei - analog zu den Erkenntnissen der Zukunftsforschung - darauf auszurichten, auch in mehreren Zukünften Erfolg zu versprechen (vgl. Graf, 2003, S. 361) ist plausibel, kann aber keine ausreichende Legitimationsgrundlage für Strategic Foresight sein, werden durch den Einsatz solcher Methoden die Grundlagen strategischer Entscheidungsfindung nicht nachweislich und nachhaltig verbessert. Strategic Foresight muss einen konkreten Beitrag zur Verbesserung der Entscheidungsgrundlagen liefern können, wobei die Herausforderung darin liegt, zugleich den Grundgedanken einer nicht vorhersehbaren aber gestaltbaren Zukunft beizubehalten. Das Problem dabei liegt darin begründet, dass strategisches Entscheiden in klassischer Konzeption demgegenüber auf sehr konkrete, in sachlicher wie zeitlicher Hinsicht hochspezifische und verlässliche Zukunftsbilder angewiesen ist (vgl. Neuhaus, 2006, S. 96f.).

Die tendenziell langfristige Perspektive des Strategic Foresight korrespondiert prinzipiell gut mit einer ebenfalls mittel- bis langfristigen Orientierung im strategischen Management. Im Hinblick auf die operative, notwendigerweise durch kurzfristige Prognosen gestützte Planung in den Geschäftsbereichen können sich jedoch Inkompatibilitäten und Akzeptanzprobleme ergeben. Wenngleich sich die Zukunftsforschung prinzipiell mit solchen Akzeptanzproblemen konfrontiert sieht, so ist anzunehmen, dass diese für Strategic Foresight im betriebswirtschaftlichen Kontext ein zentrales Problem darstellen.

> Such attacks, often depicting futurists as half-baked prophets, are usually so far off the mark that they are more likely to reveal the ignorance of the attackers than they are to expose the deficiencies of futurists, although they can, unfortunately, foster false beliefs among the public about the nature of future studies. (Bell, 2002, p. 236)

Mit diesen Erwartungen (siehe hierzu auch Tabelle 3) muss Strategic Foresight umgehen oder diese - sofern falsche Erwartungen geweckt werden - korrigieren.

Tabelle 3:
Erwartungen an Zukunftsbilder und Foresight-Studien (vgl. Pillkahn, 2008, S. 165)

Wunsch und Hoffnung der Unternehmen	**Wirklichkeit und Möglichkeit von Zukunftsbildern**
Garantierter Erfolg in der Zukunft	Unterstützung, keine Garantie
Wachstum	Identifizieren von Wachstumsmöglichkeiten
Planbarkeit und Sicherheit	Auswertung und Umsetzung der Ergebnisse schafft den eigentlichen Nutzen. Kein Automatismus!
Geringes Risiko bei strategischen Entscheidungen und Investitionen	Ein empfundenes Risiko lässt sich nicht gänzlich beseitigen. Die Sicherheit bei Entscheidungen resultiert aus dem erarbeiteten Wissen.
Höhere Wettbewerbsfähigkeit	Die Wettbewerbsfähigkeit lässt sich durch abgeleitete, strategische Maßnahmen erhöhen.
Zukunftsfähige Produkte	Ein Teilergebnis sind Ideen für neue Produkte.
Effiziente Organisation	Umorganisation ist Teil der Strategieumsetzung *("Structure follows strategy")*
Stabiles Umfeld und neue Märkte	Stabile Unternehmensfelder sind Vergangenheit. Adaption ist nur durch kontinuierliche und systematische Vorausschau möglich.

4 Methoden des Strategic Foresight

Bei den im Folgenden vorzustellenden Methoden liegt der Fokus auf qualitativen Methoden, die vor allem auf der Nutzung von Expertenwissen basieren. Explizites wie implizites Wissen von Experten ist eine wesentliche Grundlage der Zukunftsforschung und weist gegenüber quantitativen, datenbasierten Methoden (Backcasting, Forecasting) mehrere Vorteile auf, die eng mit der Thematik *Zukunft* zusammenhängen. Typischerweise steht bei Zukunftsstudien keine ausreichende Datenbasis zur Verfügung. Zudem ist qualitatives Expertenwissen bei der Strukturierung eines neuen Themenfeldes notwendig, z. B. zur Identifikation von Schlüsselfaktoren; nicht zuletzt ist Expertenwissen unerlässlich bei einer normativ-geprägten Bewertung von Ergebnissen wie im Rahmen von Szenariomethoden (vgl. Steinmüller, 2005, S. 91). Entsprechend gehen mit diesen Methoden jedoch auch die typischen Einschränkungen qualitativer Methoden im Unternehmenskontext einher.

Nachfolgend werden qualitative Methoden der Zukunftsforschung vorgestellt, die im Rahmen von Foresight-Aktivitäten in der unternehmerischen Praxis empirisch besonders verbreitet sind. Eine konsistente Klassifikation erscheint weder erreichbar noch unbedingt notwendig, unter pragmatischen Aspekten ist es jedoch zweckmäßig, Methoden durch ihre Attribute zu charakterisieren, die zumindest einen Hinweis auf ihre Passfähigkeit im Rahmen eines bestimmten Forschungsdesigns geben (vgl. Steinmüller, 1997, S. 36). Daher wurde eine Unterteilung der Methoden nach Projektmethoden, Phasenmethoden und partizipativen Methoden vorgenommen.

4.1 Projektmethoden (Die „Szenariotechnik“)

Szenariomethoden gehören zu den bekanntesten Foresight-Instrumenten überhaupt, Graf (2003, S. 359) bezeichnet die Szenariotechnik als „... die eigentliche Methode der Zukunftsforschung“. Große Bekanntkeit erlangte diese Methodik im Rahmen der strategischen Planung bei Shell, eng verbunden mit dem Namen Pierre Wacks. Seit den 1970er Jahren findet die Idee des Denkens in (Alternativ-)Szenarien auch in der Strategieliteratur Berücksichtigung, „Szenarien sind abgegrenzte, in sich geschlossene Ausblicke auf den zukünftigen „Zustand der Welt“, die mit dem Ziel ausgewählt werden, die Zahl der möglichen Situationen zu begrenzen“ (Porter, 1999b, S. 301).

Zumindest hinsichtlich der theoretischen Diskussion kann man von einem Ansatz sprechen, der tatsächlich etablierter Bestandteil des strategischen Managements wurde, wenngleich in diesem Kontext oft von Szenarioplanung die Rede ist und diese den (qualitativen) Prognosemethoden zugeordnet wird (vgl. z. B. Welge & Al-Laham, 2003, S. 299; Porter, 1999b). Des Weiteren beschäftigen sich viele Werke explizit mit integrativen Ansätzen von strategischem Management und Szenariomethoden (vgl. z. B. Pillkahn, 2008; van der Heijden, 2005; Graf & Klein, 2003) bzw. bearbeiten Szenariomethoden als festen Bestandteil des strategischen Managements (Johnson et al., 2005; Welge & Al-Laham, 2003; Steinmann & Schreyögg, 2002; Porter, 2000, 1999b). Entsprechend findet die Szenariomethodik zunehmend Anwendung in der Industrie (vgl. Andriopoulos & Gotsi, 2005, p. 53) und kann dank ihrer Rezeption in der Literatur zum strategischen Management als etablierteste Methode aus dem methodischen Bestand des Strategic Foresight gesehen werden.

> Scenarios defined as descriptions of possible developments in the contextual environment will not be good or bad; they are worlds that may plausibly develop independent from what we do, and in which the organisation may need to be a skilful operator. (van der Heijden, 2005, p. 115)

Dies impliziert das Postulat der Wertfreiheit, das mit einzelnen Szenarien eng verknüpft ist. Bei deren Erarbeitung geht es darum, in sich konsistente, alternative Zukünfte zu entwerfen, unabhängig davon, ob diese Zukünfte im Hinblick auf die Organisation, in deren Rahmen das Szenarioprojekt stattfindet, als wünschenswert erachtet werden. Graf und Klein (2003) identifizieren drei Anforderungen an Szenarien, die notwendig sind, damit diese den Effektivitäts- und Effizienzkriterien entsprechen, an denen grundsätzlich auch das Management gemessen wird; diese sind Entscheidungsbezug, logische Konsistenz und Planungseinbindung (vgl. Graf & Klein, 2003, S. 85). Sind Entscheidungsbezug und Planungseinbindung grundsätzliche Kriterien für Managementmethoden, so ist die Forderung nach logischer Konsistenz spezifisch und erfolgsentscheidend für die Szenariomethodik.

Bei der Erstellung von Szenarien können jedoch nicht alle denkbaren Entwicklungen jedes potenziellen Einflussfaktors mit einfließen. Es ist nicht nur nahezu unmöglich, alle relevanten Informationen zu berücksichtigen, selbst wenn diese zum gegebenen Zeitpunkt vorliegen würden, auch würde eine solche Vorgehensweise zu einer Vielzahl von Zukunftsszenarien führen. „Die praktische Erfahrung zeigt, dass auch diejenigen Manager, welche bereit sind, Szenarien als eine Alternative zum Prognoseprozess zu akzeptieren, nicht mehr als 3 oder 4 Szenarien in ihre Überlegungen einbeziehen wollen“ (Graf & Klein, 2003, S. 89). Entsprechend impliziert der praktische Einsatz von Szenariomethoden drastische Komplexitätsreduktion hinsichtlich zukünftiger Entwicklungen in der Unternehmensumwelt. Diese wird dadurch erreicht, dass die Alternativszenarien als in sich geschlossene Zukunftsbilder konzipiert werden, deren Abweichungen voneinander auf plausiblen, aber unterschiedlichen Entwicklungen von Schlüsselvariablen basieren.

Grundlage jedes Szenarioprozesses ist es, die für die zu analysierende Entwicklung relevanten Schlüsselvariablen zu identifizieren. Schlüsselvariablen sind durch ihre besondere Relevanz in dem gegebenen Kontext bei gleichzeitiger Unsicherheit ihrer zukünftigen Entwicklung charakterisiert. Je nachdem, in welchen Branchen, Märkten bzw. für welche Produkte oder Technologien alternative Entwicklungen antizipiert werden sollen, unterscheiden sich die Schlüsselvariablen stark. Nach der Identifikation der Schlüsselvariablen und Hypothesen zu deren zukünftiger Entwicklung werden anhand der Kriterien *Konsistenz* und *Glaubwürdigkeit* unterschiedliche Szenarien entwickelt, deren Rolle im Hinblick auf das strategische Management mit der Windkanal-Metapher beschrieben werden kann. Die Metapher sieht die antizipierte Unternehmensumwelt der unterschiedlichen Szenarien als Windkanal und das Flugzeug als Unternehmensstrategie, wobei es darum geht die Aerodynamik - d. h. den strategischen Fit - zu optimieren (vgl. Pillkahn, 2008, S. 268). Durch Gegenüberstellung von Umwelt- und Unternehmensszenarien ist es möglich, zukunftsrobuste Strategien zu entwickeln. „Eine Strategie gilt als robust, wenn alternative Entwicklungen, die eine Anpassung der Strategie erfordern, bei der Strategieentwicklung berücksichtigt wurden und werden und die Stabilität des Unternehmens im Fokus steht“ (Pillkahn, 2008, S. 269).

Daneben werden der Szenariomethodik weitere Vorzüge zugeschrieben, gleichsam als positive Nebeneffekte eines Szenarioprozesses. So lässt sich der augenscheinliche Nachteil vieler Szenarien, die große Komplexität der zu berücksichtigenden Einflussfaktoren sowie deren Entwicklungsmöglichkeiten auch positiv sehen. „It is said that scenario planning can bring back complexity into the strategic planning process“ (Schwarz, 2006, p. 16). Gerade die Entwürfe mehrerer alternativer Zukunftsbilder, deren Realisierung jeweils unsicher ist, fordere die mentalen Modelle der beteiligten Manager heraus. In diesem Sinne kann alleine der Prozess der Szenarioerstellung bei den beteiligten Personen dazu führen, dass die Vorstellung, sich konkret auf eine „wahrscheinliche“ oder sogar exakt prognostizierbare Zukunft festlegen zu können, in Frage gestellt wird.

4.2 Phasenmethoden (Das „Experten-Delphi“)

Die Delphimethode gehört zu den explorativen expertenbasierten Methoden und unterscheidet sich von anderen Expertenbefragungen dadurch, dass die gleichen Fragen in zwei oder drei Befragungsrunden jeweils erneut gestellt und die Ergebnisse der vorangehenden Befragungsrunde allen Teilnehmern offen gelegt werden. Dadurch können die Einschätzungen der einzelnen Experten vor dem Hintergrund der anderen Expertenmeinungen in der Gruppe beeinflusst werden, d. h. es handelt sich um eine Form eines verschriftlichten Gruppenkommunikationsprozesses. „Üblicherweise wird die Delphimethode dort angewandt, wo sich die Fragestellung einer präzisen analytischen Behandlung entzieht und wo aus Zeit- oder Kostengründen die Experten nicht zu einem Workshop zusammengerufen werden können" (Steinmüller, 2005, S. 93). Ersteres ist im Hinblick auf die Antizipation zukünftiger Entwicklungen in einem mittel- und langfristigen Zeithorizont zweifelsfrei gegeben.

Durch die anonymisierte Erhebung wird jedoch auch einer zu starken Dominanz von einzelnen Meinungsführern entgegengewirkt, die verhindern können, dass abweichende Meinungen geäußert werden. „Es hängt also von der Person selbst ab, wie weit der Experte in kognitiver Dissonanz zur Gruppenmeinung stehen will" (Cuhls, 1998, S. 35). Der Name der Methode steht in Analogie zum Orakel von Delphi in der griechischen Mythologie. Grundlage der Methodik ist die Annahme, dass eine Gruppe von Experten - insbesondere durch Feedback - weitaus detailliertere und qualitativ bessere Aussagen zu themenspezifisch abgegrenzten zukünftigen Entwicklungen treffen können, als dies durch die Expertise einer Einzelperson möglich wäre. Insbesondere in Japan ist diese Methode im Rahmen der Technikvorausschau seit mehr als 30 Jahren weit verbreitet (vgl. Cuhls, 1998). Auch im Unternehmen können Delphi-Berichte genutzt werden, vor allem im Kontext des Technologiemanagements; sie eignen sich insbesondere für eine grundsätzliche Bestimmung der technologischen Position eines Unternehmens oder einer strategischen Geschäftseinheit zur entsprechenden Ausrichtung der Forschung und Entwicklung (vgl. Cuhls & Möhrle, 2005, S. 119ff.). Einer Anwendung im betrieblichen Kontext sind jedoch durch den großen Zeitaufwand wie auch der Beanspruchung personeller Ressourcen enge Grenzen gesetzt. Dies gilt insbesondere für mittelständische Unternehmen.

Environmental Scanning ist als Methode konstitutiver Bestandteil jeglicher Zukunftsarbeit, findet aber auch im Rahmen der Unternehmensanalyse im strategischen Management Anwendung.

> Since plans are based on forecasts and forecasts are based on assumptions about the future, scanning the horizon is always prudent to identify new developments that can challenge past assumptions or provide new perspective to future threats or opportunities. (Gordon & Glenn, 2003, p. 3)

In diesem Sinne handelt es sich dabei um eine offene Umfeldbeobachtung, ähnlich des von uns vorgestellten PEST(EL)-Rahmens. Die Anfangsbuchstaben der Grundkategorien der Einflussfaktoren der Unternehmensumwelt *(political, economic, social, technological, ecologic, legal)* bilden im Rahmen von Foresight-Aktivitäten, in Abgrenzung zur strategischen Umweltanalyse, jedoch das Akronym STEEP(L), das teilweise als eigene Analysemethode betrachtet wird (vgl. Romppel, 2006, S. 210f.). Damit steht das Environmental Scanning auch in enger Beziehung zu strategischen Frühwarnsystemen und dem Konzept der *schwachen Signale*. Inhaltlich muss Environmental Scanning eine Vielzahl von Informationsquellen berücksichtigen, um relevante Zukunftsthemen und Trends identifizieren zu können, die sich als Treiber des Umweltwandels herausstellen können. Die Quellen sind vor allem Datenbanken, das Internet, Fachliteratur und -zeitschriften, wissenschaftliche Arbeiten aber auch Expertenrunden oder Kontakte zu einzelnen Fachspezialisten (vgl. Gordon & Glenn, 2003, S. 3).

4.3 Partizipative Methoden (Zukunftswerkstätten und Zukunftskonferenzen)

Bei Zukunftswerkstätten wie auch Zukunftskonferenzen handelt es sich um Gestaltungsprozesse in Gruppen, d. h. die Zukunftswerkstatt kann als eine Art soziale Problemlösungsmethode gesehen werden. „Die *Zukunftswerkstatt* kann exemplarisch für die partizipativen Methoden stehen" (Steinmüller et al., 2002, S. 38). Ihre Ursprünge liegen in den 1960er Jahren und sind eng mit dem Namen Robert Jungks verbunden. In dieser Zeit erkannten einige sozial engagierte Zukunftsforscher - unter anderem Jungk - dass das Aussehen der Welt von morgen einseitig durch Wirtschaft und Industrie, Militär und Staat, Parteien und Regierung vereinnahmt wird. In Think Tanks und Zukunftsforschungsinstituten wurden normativ geprägte, als wünschenswert erachtete Zukünfte mit der Absicht entworfen, diese aktiv herbeizuführen (vgl. Kuhnt & Müllert, 1996, S. 24).

Die Ursprünge der Methodik in den 1960er und 1970er Jahren sind also stark normativ geprägt von basisdemokratisch orientierten Elementen und reflektieren damit auch den ökologischen und sozialkritischen Zeitgeist dieser Jahre.

> Ziel der Arbeit mit Zukunftswerkstätten ist, jeden interessierten Bürger in die Entscheidungsfindung mit einzubeziehen, die sonst nur Politikern, Experten und Planern vorbehalten ist. Wir wollen dem Einzelnen Mut machen und ihm zeigen, daß er durchaus über große Ziele mitreden kann. (Jungk & Müllert, 1997, S. 17)

Im Unternehmen sind solche Ansätze der „Zukunftsgestaltung von unten" insbesondere im Kontext des Change Managements zur Normalität geworden (vgl. Steinmüller et al., 2002, S. 37). Sowohl für eine Zukunftswerkstatt als auch für eine Zukunftskonferenz sind quantitative Daten nur als Hintergrundinformationen für die Teilnehmer erforderlich, die Methoden selbst arbeiten vor allem mit der Kreativität der Teilnehmer.

Zukunftskonferenzen sind in ihren Ursprüngen weniger politisch motiviert als Zukunftswerkstätten. Ziele von Zukunftskonferenzen sind insbesondere die Vermittlung eines Gruppengefühls und eines für alle gleichermaßen verbindlichen Zukunftsbildes, um die gemeinsame Zukunft zu planen, Visionen zu entwickeln und Aktionspläne abzuleiten. Daraus ergibt sich jedoch auch eine „Beschränkung auf konsensuelle Ziele“ (Steinmüller et al., 2002, S. 42); Konflikte können im Rahmen einer solchen Zukunftskonferenz nicht ausdiskutiert werden.

5 Strategisches Management

„Wir haben heute keine wirkliche Theorie zur Schaffung von Strategien. Die millionenschwere Strategieindustrie hat einfach keine reale Grundlage“

(Gary Hamel)

5.1 Der Begriff der Strategie

Im Sinne der Spieltheorie, auf die die Einführung des Strategiebegriffs in den Wirtschaftswissenschaften zurückgeht, bedeutet Strategie im Allgemeinen eine „Folge voneinander abhängiger Einzelschritte, die auf ein bestimmtes Ziel ausgerichtet ist“ (Bea & Haas, 2005, S. 51). Strategische Ziele im Unternehmen unterscheiden sich von taktischen und operativen durch ihre mittel- und langfristige Orientierung; entsprechend muss bei strategischen Entscheidungen ein längerer Zeithorizont berücksichtigt werden, denn „*strategic* decisions are concerned with the long-term health of the enterprise“ (Chandler, 1990, p. 11; Hervorhebung im Original).

Neben diesem grundsätzlichen Verständnis des Strategiebegriffs haben sich in der theoretischen Diskussion zwei divergente Strategiebegriffe herausgebildet. Strategien werden im klassischen Strategieverständnis als rational planbare Maßnahmenbündel zur gezielten Beeinflussung unternehmensinterner wie auch -externer Transformationsprozesse gesehen (vgl. Macharzina & Wolf, 2005, S. 257ff.). Strategien sind demnach die Mittel, die zur Erreichung extern vorgegebener (Unternehmens-)Ziele eingesetzt werden. Demgegenüber hat sich eine zweite, neuere Sichtweise etabliert, die auf der Erkenntnis aufbaut, dass es die zunehmende Geschwindigkeit und Diskontinuität des Umweltwandels zunehmend erschweren, Strategien zu formulieren, die durch ein hohes Maß an Irreversibilität und Bindungswirkung charakterisiert sind. Diese zweite Perspektive wurde wesentlich durch Henry Mintzberg geprägt und ist als „ ... Kritik an der Rationalitätsprämisse (des) strategischen Managements ...“ (Welge & Al-Laham, 2003, S. 16) zu sehen. Demnach lassen sich Strategien als Grundmuster unternehmerischer Zukunftsbewältigung bezeichnen, gleich ob es sich dabei um eine ursprünglich beabsichtigte und damit bewusste Strategie oder um eine sich herausbildende (emergente) Strategie handelt (vgl. Abbildung 3).

Abbildung 3:
Bewusste und sich herausbildende Strategien (Mintzberg et al., 2007, p. 26)

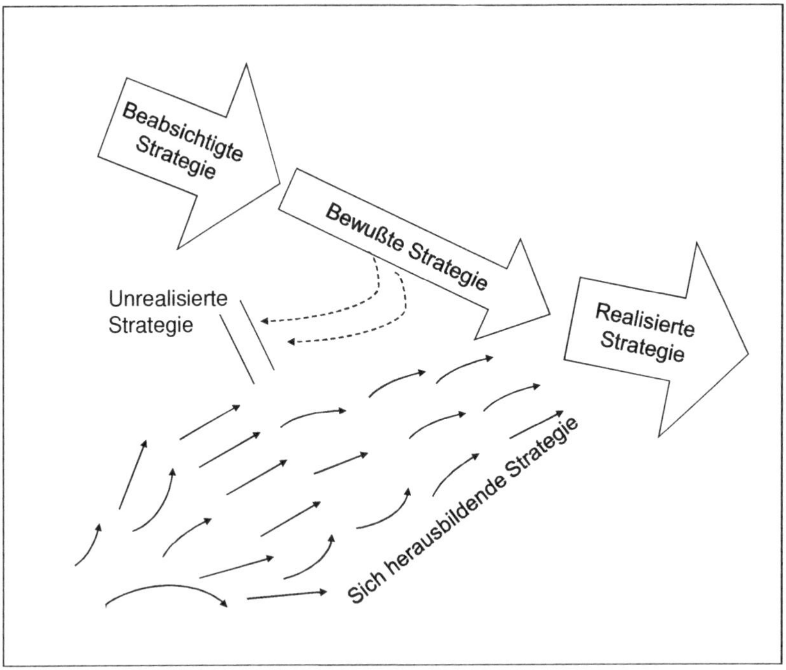

Auf diese von Mintzberg in die theoretische Diskussion eingeführte Unterscheidung von beabsichtigten Strategien, planmäßigen und bewussten Strategien, unrealisierten Strategien, emergenten Strategien und den realisierten Strategien wird in der Literatur regelmäßig verwiesen (vgl. z. B. Pillkahn, 2008, S. 44; Macharzina & Wolf, 2005, S. 263; Hungenberg, 2006, S. 13; Grünig & Kühn, 2005, S. 10; Welge & Al-Laham, 2003, S. 18; Steinmann & Schreyögg, 2002, S. 230). Dies impliziert einerseits, dass realisierte Strategien nicht zwangsläufig beabsichtigt gewesen sein müssen und andererseits, dass es keine Unternehmung ohne Strategie gibt. Der Unterschied liegt darin, ob es sich um eine geplante und entsprechend umgesetzte Strategie handelt, ob sich die Strategie im Zuge unternehmerischer Entscheidungen inkrementell herausgebildet hat oder ob die Strategie erst im Nachhinein als Muster aufeinanderfolgender Entscheidungen und Handlungen im Unternehmen als solche erscheint.

Neben den grundsätzlichen begrifflichen Unterschieden im Verständnis von Strategie gibt es eine Vielzahl von Strategiearten im Sinne von empfohlenen Maßnahmen zur Sicherung des langfristigen Erfolges von Unternehmen (vgl. Tabelle 4).

Tabelle 4:
Arten von Strategien (vgl. Bea & Haas, 2005, S. 169)

Kategorie	**Strategien**
Entwicklungsrichtung	Wachstumsstrategie
	Stabilisierungsstrategie
	Desinvestitionsstrategie
Produkt-Markt-Kombinationen (Ansoff)	Marktdurchdringungsstrategie
	Marktentwicklungsstrategie
	Produktentwicklungsstrategie
	Diversifikationsstrategie
Organisatorischer Geltungsbereich	Unternehmensstrategie (*corporate strategy*)
	Geschäftsbereichsstrategie (*business strategy*)
	Funktionsbereichsstrategie (*functional strategy*)
Ansatzpunkte für Wettbewerbsvorteile (Porter)	Kostenführerstrategie (*overall cost leadership*)
	Differenzierungsstrategie (*differentiation*)
	Nischenstrategie (*focus*)
Geltungsbereich für Funktionen	Beschaffungsstrategie
	Produktionsstrategie
	Absatzstrategie
	Finanzierungsstrategie
	Personalstrategie

	Technologiestrategie
Regionaler Geltungsbereich	Lokale Strategie
	Nationale Strategie
	Internationale Strategie
	Globale Strategie
Grad der Eigenständigkeit	Autonomiestrategie
	Kooperationsstrategie
	Integrationsstrategie

So geben z. B. die auf Porter zurückgehenden generischen (Wettbewerbs-)Strategien der *umfassenden Kostenführerschaft*, *Differenzierung* sowie *Konzentration auf Schwerpunkte* (vgl. Porter, 1999b, S. 71) Hinweise auf eine erfolgversprechende Positionierung des Unternehmens im Wettbewerb. Auf einzelne Strategietypen soll an dieser Stelle jedoch nicht näher eingegangen werden. Wir verstehen unter *Strategie* vielmehr ein (mehr oder weniger) geplantes Vorgehen, um Zukunft zu gestalten.

5.2 Strategische Entscheidungen

Alle Ansätze des strategischen Managements gleichen sich in den grundsätzlichen Merkmalen strategischer Entscheidungen. Strategische Entscheidungen beeinflussen die Richtung der Unternehmensentwicklung mit dem Ziel, den langfristigen Erfolg eines Unternehmens zu sichern und Handlungsmöglichkeiten zu schaffen, von denen der zukünftige Erfolg eines Unternehmens abhängt (vgl. Hungenberg, 2006, S. 4f.). Aufgrund der Wettbewerbssituation, mit der sich Unternehmen in einer Marktwirtschaft fast immer konfrontiert sehen, geht es bei der Sicherung und Ausnutzung von Erfolgspotenzialen um die Realisierung von Wettbewerbsvorteilen, um so den langfristigen Erfolg sicherzustellen. Ein langfristiger Zeithorizont verschärft die grundsätzliche Problematik mangelnder Prognostizierbarkeit der Zukunft; hinzu kommt die Fülle und Komplexität potenzieller Einflussfaktoren, insbesondere in der Unternehmensumwelt, die strategische Entscheidungen so schwierig gestaltet. „Strategische Entscheidungen beruhen daher in weit stärkerem Maße auf einem Abwägen von Argumenten und auf plausibler Schlussfolgerung als auf eindeutigen (gesetzmäßigen) Zusammenhängen" (Hungenberg, 2006, S. 6).

Strategische Entscheidungen betreffen immer die Zukunft und müssen dementsprechend unter Unsicherheit getroffen werden. Der Grad der Unsicherheit geht nicht zuletzt auf den gewählten Zeithorizont zurück. Können für kurze Zeiträume noch relativ sichere, teilweise sogar sehr sichere Prognosen erstellt werden, so ist dies in einem fernen Zeithorizont mit Ausnahme weniger Umfeldfaktoren, wie z. B. demografischer Entwicklungen, überhaupt nicht mehr möglich. In Rall und König (2005) findet man in diesem Zusammenhang eine Differenzierung in vier Stufen der Unsicherheit bei strategischen Entscheidungen (Abbildung 4).

Abbildung 4:
Vier Stufen der Unsicherheit (McKinsey; zitiert in: Rall & König, 2005, S. 28)

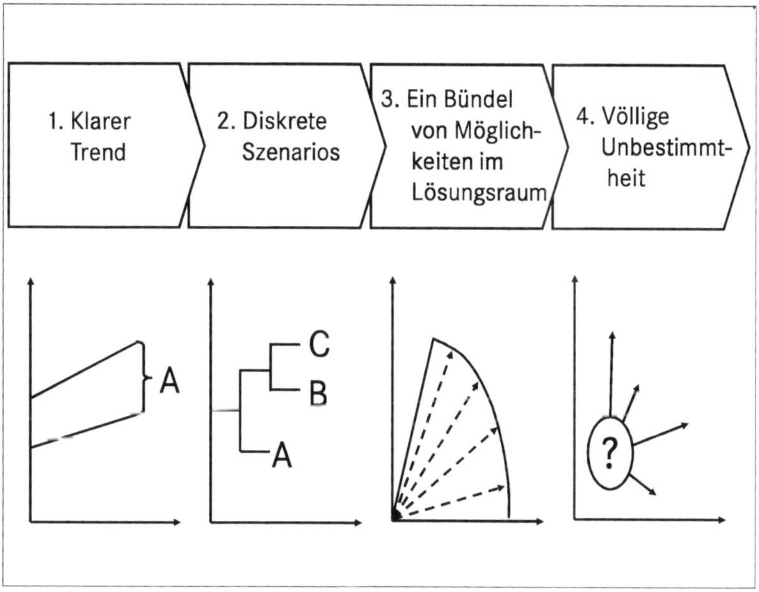

Stufe 1 „Klarer Trend" impliziert eine ausgezeichnete Informations- und Datenlage zu einer bestimmten Entwicklung und zudem ein Umfeld, das nur von einer geringen Dynamik geprägt ist, d. h. die Zukunft kann in einer relativ engen Bandbreite beschrieben werden. Auf *Stufe 2 Diskrete Szenarios* ist dies nicht mehr möglich, vielmehr gibt es mehrere diskrete Alternativen, die wiederum verschiedene Auswirkungen haben können; Beispiele hierfür sind die Entwicklung alternativer (substituierender) Technologien oder die Antizipation einer starken Veränderung der Marktdynamik z. B. durch Deregulierung (vgl. Rall & König, 2005, S. 29). Ein ganzes *Bündel von Möglichkeiten und Handlungsalternativen (Stufe 3)* ist im klassischen, rational-abwägenden strategischen Entscheidungsprozess schließlich kaum noch zu handhaben. Diese Situation tritt vor allem in sehr komplexen und hochdynamischen (Wettbewerbs-)Umfeldern auf.

Als Beispiele nennen Rall und König für diese *Stufe 3* der Unsicherheit die Einführung neuer Flugzeuggenerationen respektive die Entwicklung neuer Therapiegebiete in der Pharmaindustrie. Unsicherheiten der *Stufe 4* sind im Sinne eines Bestrebens der Antizipation der zukünftigen Entwicklung überhaupt nicht mehr zu handhaben. Der Faktor Unsicherheit entscheidet bei strategischen Entscheidungen also darüber, inwiefern strategische Entscheidungen zu einem gegebenen Zeitpunkt die langfristige Entwicklungsrichtung eines Unternehmens realistischerweise definieren können und ob das Ausarbeiten von aufwändigen strategischen Plänen überhaupt sinnvoll ist.

Damit hat der Grad der Unsicherheit gravierende Auswirkungen auf Funktionalität oder Dysfunktionalität rationaler Analyse und Entscheidungsfindung im strategischen Kontext. „Die strategische Diskussion über Unsicherheit wäre eine theoretische Übung, wenn sie nicht gravierende Implikationen für die rationalen Strategieausprägungen hätte“ (Rall & König, 2005, S. 29). Welche Strategiekonzepte davon besonders betroffen sind, wird später dargestellt. Generell muss aber gelten „uncertainty has to be assessed before business decisions can be made“ (van der Heijden, 2005, p. 93).

Eine Gefahr besteht darin, dass Methoden und Instrumente des klassischen, rational geprägten strategischen Managements auch in Situationen eingesetzt werden, in denen diese auf Grund der Fülle und Komplexität potenzieller Einflussfaktoren oder des langfristigen Zeithorizonts inadäquat sind. Der Faktor *Unsicherheit* hat großen Einfluss auf die konkrete Planbarkeit von Handlungen sowohl auf individueller als auch auf kollektiver, organisationaler Ebene. Damit dieses Problem erkannt und nach Lösungsansätzen gesucht werden kann, müssen jedoch die Grenzen der Rationalität, insbesondere im Hinblick auf zukünftige Entscheidungen, den Akteuren bewusst sein. Die Grundannahme *begrenzter Rationalität* spiegelt sich allerdings nicht in allen Ansätzen des strategischen Managements wider. In der klassischen Lehre wird demgegenüber allzu oft die ihr zugrunde liegende Prämisse der Vorherwissbarkeit der Zukunft betont. „Klar wird hier (in der klassischen Lehre, die Autoren) gesagt, dass klassisch konzipiertes Planen und Entscheiden eben nur möglich ist (wäre), wenn die Zukunft im Vorhinein bekannt ist (wäre)“ (Neuhaus, 2006, S. 47). Letzteres ist jedoch in den oben beschriebenen Situationen selten der Fall.

Inwiefern Ansätze des strategischen Managements diese Problematik berücksichtigen, wird später behandelt, insbesondere unter Rekurs auf Mintzberg, dem als Kritiker der klassischen Theorie eine Gegenposition zu den Vertretern der klassischen Lehre zugeschrieben werden kann.

Durch die Differenzierung und Strukturierung der theoretischen Ansätze des strategischen Managements in zehn strategische Schulen ist es Mintzberg et al. (2007) gelungen, die Komplexität dieser Disziplin insbesondere hinsichtlich der zum Teil deutlich abweichenden Grundannahmen divergierender Ansätze darzustellen und theoretische Querverbindungen herauszuarbeiten. Diese werden von unsdort aufgegriffen, wo dies für das Verständnis der theoretischen Grundhaltungen und/oder der impliziten wie expliziten Grundannahmen der Instrumente des strategischen Managements relevant ist.

Abbildung 5:
Entwicklungsphasen des strategischen Denkens in Unternehmen (vgl. Hungenberg, 2006, S. 51)

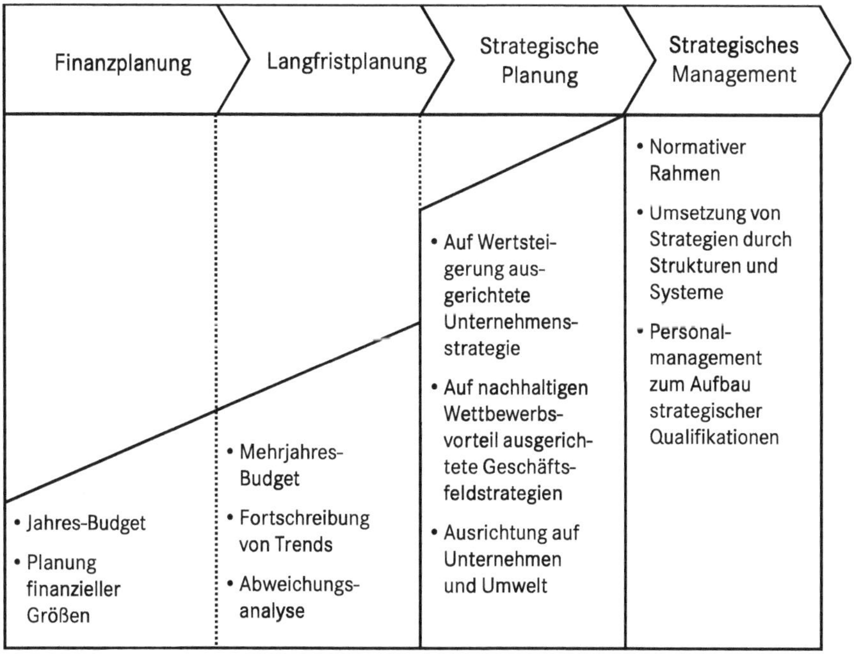

5.3 Entwicklungsgeschichte des strategischen Denkens

Das Konstrukt des *strategischen Managements* bedarf einer näheren Erläuterung und Abgrenzung von anderen Begriffen im Kontext von Strategie, da mit abweichenden Bezeichnungen andere Grundannahmen und Implikationen für den Strategieprozess verbunden sind. In diesem Zusammenhang lassen sich vier Phasen der Entwicklungsgeschichte des strategischen Denkens unterscheiden (siehe Abbildung 5), die zeigen, dass sich das strategische Denken in Unternehmen nicht zuletzt als Folge veränderter Anforderungen an die Unternehmen gewandelt hat (vgl. z. B. Hungenberg, 2006, S. 50ff.; Welge & Al-Laham, 2003, S. 8ff.).

Bis in die 1950er Jahre hinein war unternehmerische Planung gleichbedeutend mit *Finanzplanung* (Budgetierung und Projektplanung). Die technisch-ökonomische Umwelt in diesen Jahren war geprägt durch relative Stabilität. Zunehmende Nachfragedifferenzierung, Marktwachstum und andere Veränderungen waren weitgehend vorhersehbar, die Zielplanung war ausschließlich über das Wachstumsziel definiert (vgl. Welge & Al-Laham, 2003, S. 8). Für eine Beschäftigung mit der Zukunft des Unternehmens war es ausreichend, ausschließlich die Entwicklung des Unternehmens vor dem Hintergrund eines wenig dynamischen aber wachsenden Marktes zu optimieren. Eine zunehmend dynamische Umwelt und komplexere Rahmenbedingungen zeigten Mitte der 1950er Jahre die Grenzen der Finanzplanung. Vverstärkte Wachstumsraten und zunehmendes Kostenbewusstsein machten die Notwendigkeit einer langfristigen und auf die Unternehmensumwelt gerichteten Planung deutlich.

Langfristplanung ist als Reaktion auf ein dynamischeres Umfeld zu sehen, das die Betrachtung eines längeren Zeithorizonts erforderlich machte. Allerdings bedeutete dies vor allem Trendextrapolation, d. h. eine wesentliche Grundannahme war die prinzipielle Möglichkeit, zukünftige Entwicklungen auch über mehrere Jahre im Voraus auf Grundlage von vergangenheitsbasierten Daten vorhersagen zu können. Im Sinne der Langfristplanung war und ist Zukunft kein offener Möglichkeitsraum, sondern im Wesentlichen durch die Vergangenheit vorbestimmt. Je besser die Datenlage und je mehr extrapolierbares quantitatives Datenmaterial vorliegt, desto mehr Wissen über zukünftige Entwicklungen lässt sich bereits in der Gegenwart abrufen und desto geringer ist die Wahrscheinlichkeit von der Prognose abweichender Entwicklungen.

In den 1970er Jahren entwickelte sich die *strategische Planung*, die mehr Aufmerksamkeit seitens des Managements erfuhr als alle anderen Techniken (vgl. Mintzberg et al., 2007, S. 82) und in deren Rahmen Konzepte und Instrumente entstanden, mit denen die Ausrichtung des Gesamtunternehmens bestimmt (z. B. Portfoliokonzepte) oder die Positionierung einzelner Geschäfte respektive Geschäftsfelder im Wettbewerb vorgenommen werden konnte (z. B. Industrieanalyse, generische Wettbewerbsstrategien) (vgl. hierzu auch Hungenberg, 2006, S. 52f.). Welge und Al-Laham (2003) verweisen im zeitlichen Kontext des Aufkommens der strategischen Planung auf eine Vielzahl von Aspekten, die letztlich die Dynamik des unternehmerischen Umfeldes förderten und die Komplexität ökonomischer Entwicklungen zusätzlich erhöhten. Stark ausschlagende Konjunkturzyklen, Aufgabe des Bretton-Woods-Prinzips fester Währungsparitäten, Beschleunigung des wissenschaftlich-technischen Wandels sowie tiefgreifende Veränderungen in vielen Märkten stellten neue Herausforderungen dar, die ein flexibles Agieren der Unternehmung erforderlich machten.

Erstmals rückt das Unternehmensumfeld auch als potenzielle Quelle von Umbrüchen und Diskontinuitäten in den Fokus der Planer. Neben den Anforderungen einschneidender Veränderungen volkswirtschaftlicher wie auch technischer Rahmenbedingungen gilt die strategische Planung nicht zuletzt als Antwort auf unternehmensinterne Herausforderungen, die die organisationale Struktur vieler Unternehmen verändert haben. Die entstehenden, hochgradig diversifizierten und divisionalisierten Konzerne waren mit den herkömmlichen Planungsansätzen immer weniger steuerbar, die Planer fokussierten vermehrt die Antizipation der relevanten Umwelt, um Marktphänomene besser verstehen zu können.

Der Terminus *relevante Umwelt* ist in diesem Sinne einschränkend zu verstehen. Relevant ist für die strategische Planung vor allem das Wettbewerbsumfeld respektive die Branche des Unternehmens, d. h. der oder die Märkte, in denen das Unternehmen vertreten ist sowie die Wettbewerber auf diesen Märkten. Zudem setzt sich die Erkenntnis durch, die relevante Umwelt mit Hilfe geeigneter Strategien langfristig gestalten und auf Umweltveränderungen flexibel reagieren zu können.

Detaillierte Strategiepläne, ausgearbeitet von Strategieexperten in Stabsstellen, sollten mittels der strategischen Planung den widersprüchlichen Anforderungen von organisationaler Stabilität und Flexibilität gerecht werden. Das Hauptproblem des Konzepts der *strategischen Planung* liegt allerdings in der Vernachlässigung der Strategieimplementierung. In der praktischen Umsetzung in Unternehmen zeigte sich schnell, dass das Konzept der strategischen Planung zu detaillierten Strategieplänen führte, die Umsetzung dieser Strategiepläne jedoch das eigentliche Problem in der Praxis darstellt.

Strategisches Management geht weit über strategische Planung hinaus und impliziert einen umfassenderen Ansatz, in dem auch die Steuerung und Kontrolle der Strategieumsetzung berücksichtigt wird. Neben technologischen und ökonomischen Variablen des Umfeldes werden auch politische und soziale Umfeldvariablen berücksichtigt. Im Hinblick auf Führung und Management werden nicht nur externe Verbindungen thematisiert (z. B. Produkt-Markt-Strategien), sondern auch unternehmensinterne Strukturen und Prozesse. Bedingt durch die langfristige Orientierung steht strategisches Management auch in

Wechselwirkung mit normativen Aspekten wie Unternehmenspolitik und Unternehmensleitbild. Strategisches Management ist dementsprechend keine reine Planungskonzeption mehr, sondern ein Managementkonzept im Sinne einer Managementphilosophie.

Die Einordnung des Gesamtkomplexes *strategisches Management* in Unterscheidung zu normativem und operativem Management ermöglicht Abbildung 6. Dadurch wird die intermediäre Stellung des strategischen Managements deutlich. Unternehmenskultur und -politik sowie die Unternehmensverfassung bilden den Rahmen für das strategische Management: Vision, Mission und Unternehmensziele definieren legitime Aufgaben und Zielvorstellungen, die im Rahmen des strategischen Managements verfolgt werden. „Dazu müssen Strategien formuliert und ausgewählt und mit Hilfe von Strukturen und Systemen umgesetzt werden" (Hungenberg, 2006, S. 24). Andererseits ist die Umsetzung der im Rahmen des strategischen Managements getroffenen Entscheidungen abhängig von der Implementierung durch die operativen Einheiten.

Abbildung 6:
Modell des Managements (vgl. Hungenberg, 2006, S. 24)

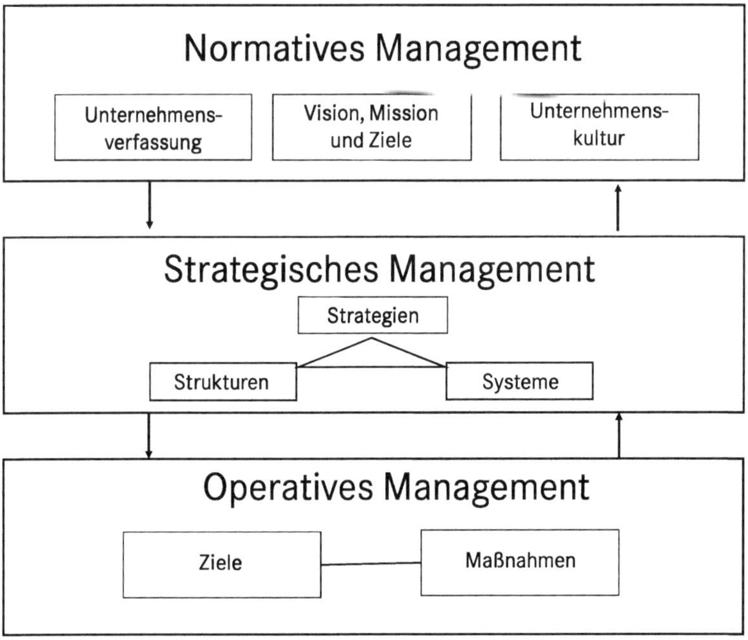

Strategisches Management ist durch eine Vielfalt von theoretischen Ansätzen und eine Spezifizierung auf verschiedenste Anwendungsbereiche geprägt, was nicht zuletzt zu der mit dem Begriff verbundenen Unschärfe beigetragen hat. „Trotz der vorhandenen Breite und Vielfalt ist es aber keinesfalls so, dass strategisches Management ein Sammelbegriff für völlig unzusammenhängende Themengebiete und Ansätze wäre“ (Hungenberg, 2006, S. 3). Die wichtigsten theoretischen Perspektiven des strategischen Managements werden nach-folgend vorgestellt.

5.4 Theoretische Perspektiven des strategischen Managements

Die Ursprünge des strategischen Managements sind nicht auf eine einzelne wissenschaftliche Disziplin zurückführbar. Durch das umfassende Konzept des strategischen Managements sind die akademischen Wurzeln so vielfältig wie die Phänomene der strategischen Unternehmensführung, denen das Forschungsinteresse der Disziplin gilt. Neben den Wirtschaftswissenschaften und der Militärgeschichte, denen prinzipiell eine Affinität zu strategischen Fragestellungen zugeschrieben werden kann, liegen die Ursprünge des strategischen Managements in der (Kognitions-)Psychologie, der politischen Soziologie, der Politikwissenschaft, der Anthropologie, der Geschichtswissenschaft sowie der Systemtheorie und Kybernetik. Vor diesem Hintergrund entwickelten Mintzberg et al. (2007) ihre idealtypische Systematisierung der zehn Schulen des strategischen Managements.

Wenngleich solche Typisierungen immer auch Schwachstellen aufweisen und insbesondere bei einem derart vielfältigen und komplexen Themenfeld nicht immer trennscharf sein oder Anspruch auf Vollständigkeit erheben können, zeigen Mintzberg et al. (2007) eindrücklich, wie unterschiedlich die Grundlagen und Annahmen des strategischen Managements und deren Perspektive auf den Strategieprozess sind. „Betrachtet man die Systematisierung zusammenfassend, dann kann festgehalten werden, dass Mintzberg die wohl umfassendste Bestandsaufnahme über theoretische Strömungen des strategischen Managements vorlegt“ (Welge & Al-Laham, 2003, S. 21).

Auch in unserer Studie werden die Schulen des strategischen Managements berücksichtigt, sofern sie zweckdienlich sind, um unterschiedliche theoretische Grundannahmen, abweichende Erkenntnisse sowie entsprechend abweichende Implikationen und Empfehlungen für die Praxis zu erklären. Dies ist unerlässlich, um Literatur, Denkschulen und theoretische Ansätze darzulegen und wesentliche Differenzen herauszuarbeiten. Wenngleich die akademische Disziplin des strategischen Managements kein Sammelbegriff für unzusammenhängende Ansätze ist, so unterscheiden sich theoretische Ursprünge wie konzeptuelle Grundlagen doch sehr voneinander und integrative Ansätze gibt es bisher nicht.

> Das offensichtliche Fehlen eines originären, forschungsleitenden und allgemein anerkannten Paradigmas führt in der Folge dazu, dass eine Vielzahl von Forschungsbemühungen unterschiedlicher Qualität vorgelegt worden ist, die konzeptionell weitgehend losgelöst voneinander stehen und deren Integration bislang noch offen ist. (Welge & Al-Laham, 2003, S. 20)

Im Folgenden werden die theoretischen Perspektiven des strategischen Managements, nach drei Hauptströmungen zugeordnet, vorgestellt. Im Einzelnen sind dies rational-entscheidungsorientierte oder rationalistische Perspektiven, ökonomische Perspektiven sowie systemische respektive evolutionäre Perspektiven. Diese speisen sich aus vielfältigen akademischen Disziplinen, neben der Betriebswirtschaftslehre ist sowohl eine starke volkswirtschaftliche (Wettbewerbstheorie, Spieltheorie) als auch eine interdisziplinäre Strömung mit biologischen, soziologischen und psychologischen Wurzeln festzustellen.

Dabei soll es nicht darum gehen, jede Perspektive in all ihren Facetten und theoretischen Vertretern erschöpfend darzustellen oder die fachlichen Kontroversen in allen Detailfragen und Argumentationslinien zurückzuverfolgen. Es sollen vielmehr die Vielschichtigkeit und Heterogenität dieses Themengebietes herausgearbeitet werden, die neben den stark verbreiteten Ansätzen rational-entscheidungsorientierter und ökonomischer Prägung auch andere Denkrichtungen beinhalten. In diesem Zusammenhang gilt es insbesondere die teilweise stark abweichenden Grundannahmen zu berücksichtigen. Nachfolgend wird zunächst jedoch die grundlegende Differenzierung der Ansätze zum strategischen Management insbesondere hinsichtlich der Ausrichtung der Strategie in einem Unternehmen dargestellt. Dies betrifft vor allem die Unterscheidung zwischen markt- *(market-based view)* und ressourcenorientierten Ansätzen *(resource-based view)* (vgl. Götz, 2009).

Marktorientierung versus Ressourcenorientierung

Der marktorientierte Ansatz basiert auf dem sogenannten *Structure-Conduct-Performance*-Paradigma (SCP-Paradigma), wonach Wettbewerbsvorteile *(performance)* durch die Branchenstruktur *(industry structure)* und das strategische Verhalten der Unternehmen *(conduct)* erklärt werden (vgl. Bea & Haas, 2005, S. 26). Damit geht dieser Ansatz zurück auf die traditionelle Industrieökonomik in der Volkswirtschaftslehre. Diese etablierte sich basierend auf den Arbeiten von Mason und Bain in den 1950er Jahren als weitgehend empirisch ausgerichtetes Forschungsgebiet, in dessen Mittelpunkt Fallstudien bestimmter Industrien (Branchen) und industrielle Querschnittsstudien standen (vgl. Bester,

2004, S. 3). Ursprünglich zielt die Industrieökonomik darauf ab, Ansatzpunkte für die Wirtschafts- und Wettbewerbspolitik zu bieten, indem Kriterien für die Beurteilung von Marktmacht sowie deren Auswirkungen auf das Unternehmensergebnis aus empirischen Studien abgeleitet werden. Seit den 1980er Jahren und insbesondere im Zusammenhang mit dem Modell der Wertschöpfungskette sowie der Branchenstruktur- und Wettbewerbsanalyse von Porter (2000, 1999a, 1999b) wurden industrieökonomische Überlegungen im Hinblick auf Wettbewerbskonzepte auf das strategische Management übertragen, allerdings unter den Vorzeichen der neuen Industrieökonomik, die mit einer Relativierung des Branchendeterminismus (SCP-Paradigma) früherer Ansätze einherging.

Charakteristisch für den marktorientierten Ansatz ist eine Outside-in-Perspektive, wonach der Blick von der Umwelt aus auf die Unternehmung zu richten ist und nicht vom Unternehmen aus auf die Umwelt (Inside-out); Erfolgsfaktoren für die Unternehmen werden dabei aus den Anforderungen des Marktes respektive der Umwelt abgeleitet (vgl. Bea & Haas, 2005, S. 87). Entsprechend können Produkt-Markt-Strategien entwickelt werden, um eine adäquate Reaktion auf Chancen und Gefahren im Unternehmensumfeld vorzubereiten, „der marktorientierte Ansatz ist also durch einen synoptischen Planungsprozess geprägt, d. h. der Erfolg gilt als planbar“ (Bea & Haas, 2005, S. 26). Die Möglichkeit der gezielten Abstimmung von geplanten Handlungen auf die Unternehmensumwelt mit dem Ziel, den „Fit“ zwischen Strategie und Unternehmensumwelt zu verbessern, ist charakteristisch für die strategische Planung.

Im Rahmen des marktorientierten Ansatzes gilt Porter als der bekannteste Vertreter, was nicht nur mit Popularität und Verbreitung der Branchenstruktur- und Wettbewerbsanalyse wie auch des Modells der Wertschöpfungskette zusammenhängt, sondern darin begründet ist, dass Porter diesen Ansatz maßgeblich geprägt hat. „Durch seine Arbeit hat PORTER eine eigenständige Forschungsrichtung des strategischen Managements begründet (den marktorientierten Ansatz)“ (Hungenberg, 2006, S. 62; Hervorhebung im Original). Der Ansatz wurde insbesondere unter dem Einfluss spieltheoretischer Konzepte, ebenfalls aus der Volkswirtschaftslehre, in den späten 1980er und 1990er Jahren vielfach ergänzt und weiterentwickelt worden ist.

Mit dem ressourcenbasierten Ansatz findet ein Perspektivenwechsel gegenüber dem marktorientierten Ansatz statt. Während letzterer den langfristigen Erfolg von Unternehmen durch Unterschiede in der Branchenstruktur (Chancen und Risiken) begründet, in der ein Unternehmen tätig ist, entscheiden im ressourcenbasierten Ansatz insbesondere die internen Stärken und Schwächen eines Unternehmens. Populär wurde der Ansatz vor allem durch den Aufsatz „The Core Competence of the Corporation“ von Hamel und Prahalad (1990; siehe auch 1994). Damit wurde 1990 der Grundstein für das Konzept der Kernkompetenzen gelegt.

Analog zum SCP-Paradigma des marktorientierten Ansatzes wird mit dem ressourcenbasierten Ansatz das sogenannte *Resource-Conduct-Performance-Paradigma* (RCP-Paradigma) verbunden. Die Ursachen für den Unternehmenserfolg liegen bei diesem Ansatz in der spezifischen Ressourcenausstattung des Unternehmens, wobei erst Marktunvollkommenheiten den Erwerb und Erhalt überlegener Ressourcen als entscheidende Voraussetzung für den Unternehmenserfolg ermöglichen. Als Ressourcen werden in diesem Zusammenhang alle materielle wie immaterielle Vermögenswerte sowie individuelle und organisatorische Fähigkeiten gesehen. Die Marktunvollkommenheiten als Grundlage des Erwerbs und Erhalts von unternehmensspezifischen Ressourcen(-vorteilen) sind in diesem Ansatz auf die Berücksichtigung von Verfügungsrechtsstrukturen *(property rights)* sowie Informationsasymmetrien zurückzuführen.

Letztlich stehen also auch hinter dem ressourcenorientierten Ansatz Überlegungen aus der Volkswirtschaftslehre und insbesondere der (Neuen) Institutionenökonomie.

> Ähnlich wie der ressourcenorientierte Ansatz setzte nämlich auch die Neue Institutionenökonomie in Gestalt der Transaktionskostentheorie, der Principal-Agent-Theorie und der Property-Rights-Theorie einen Kontrapunkt zur Industrieökonomie und damit zum marktorientierten Ansatz, indem sie von fundamental unterschiedlichen Grundannahmen ausging. (Hugenberg, 2006, S. 64)

An dieser Stelle ist es notwendig darauf hinzuweisen, dass trotz dieses entscheidenden Perspektivenwechsels von Outside-in im marktorientierten Ansatz zu Inside-out im ressourcenorientierten Ansatz die wesentliche Grundannahme strategischer Planung erhalten bleibt. Die Vorstellung eines synoptischen Planungsprozesses, in dem Erfolg durch Strategien im Vorfeld planbar ist, bleibt bestehen. Zudem stellen ressourcen- und marktorientierter Ansatz keine Gegensätze dar. Da sich strategische Erfolge nur erzielen lassen, wenn die Ressourcen den Anforderungen der Nachfrager entsprechen, findet mit der Fokussierung auf die Ressourcen nur eine sachliche und zeitliche Vorverlagerung des Wettbewerbsdenkens statt.

Sowohl der markt- als auch der ressourcenorientierte Ansatz werden weiterentwickelt. Im Rahmen des ressourcenorientierten Ansatzes entstanden so z. B. Weiterentwicklungen mit dem Fokus auf Wissen *(wissensorientierter Ansatz, knowledge-based view)* oder den Fähigkeiten des Unternehmens in Abgrenzung zu seinen Ressourcen (fähigkeitsorientierter Ansatz, *capability-based view*), so dass sich der ressourcenorientierte Ansatz und dessen Weiterentwicklungen als zweiter wichtiger Eckpfeiler des strategischen Managements etablieren konnte (vgl. Hungenberg, 2006, S. 64ff.). Des Weiteren werden vor dem Hintergrund der ressourcenorientierten Perspektive neuere Ansätze wie die der Kernkompetenzen, des organisationalen Lernens und des Wissensmanagements diskutiert („Competence-based view"; vgl. Götz, 2009).

Neben den beiden oben beschriebenen, als komplementär zu verstehenden markt- und ressourcenbasierten Ansätzen der Strategieforschung gibt es auch *evolutionstheoretische oder systemische Ansätze*. Diese unterscheiden sich diametral von den oben vorgestellten Ansätzen des strategischen Managements darin, dass die Vorstellung eines synoptischen Planungsprozesses aufgegeben wird. „Unternehmensführung findet hier vielmehr dergestalt statt, dass günstige Rahmenbedingungen für die Entwicklung von Fähigkeiten durch das Management geschaffen werden, also ein Entwicklungspfad vorgegeben wird" (Bea & Haas, 2005, S. 34). Eine gezieltere Steuerung des Unternehmens in Bezug auf seine zukünftige Entwicklung ist nicht möglich, da das Unternehmen bei diesem Ansatz als ein System verstanden wird, das, bedingt durch die Komplexität und Dynamik sowohl des Unternehmens als auch der Umwelt, nur begrenzt steuerbar ist. An die Stelle plandeterminierter Unternehmensführung treten Versuchs-Irrtums-Prozesse, die Lernaktivitäten auslösen, woraus die Analogie zu Darwins Evolutionstheorie („natürliche Auslese") deutlich wird.

Rational-entscheidungsorientierte Perspektiven

Rationalität zählt zu den Grundlagen der modernen Industriegesellschaft (vgl. Hillmann, 2007, S. 730), entsprechend ist die rationale Perspektive grundlegend für einige der bekanntesten Konzepte zum strategischen Management. Kritiker verweisen darauf, dass diese Perspektive sogar die Lehre des strategischen Managements dominiert und demzufolge eine rational-präskriptive Seite des Prozesses in der Praxis überbelichtet ist (vgl. z. B. Mintzberg et al., 2007, S. 34; Baumann, 2005, S. 66f.). Oft werden diese Ansätze auch als Prozess-Ansätze bezeichnet, da strategisches Management in rational-entscheidungsorientierten Perspektiven als ein rationaler und strukturierbarer Planungsprozess interpretiert wird, der aus einer Sequenz aufeinanderfolgender Entscheidungen besteht (vgl. Welge & Al-Laham, 2003, S. 23). Diese Vorstellung sequentieller Entscheidungen in einem klar strukturier- und planbaren Prozess ermöglicht ein wesentliches Kennzeichen der Ansätze in rational-entscheidungslogischer Perspektive, die Trennung von Strategieformulierung und Strategieimplementierung. Diese Trennung von Denken und Handeln ist der Hauptkritikpunkt, auf den Mintzberg im Hinblick auf die Design- und Planungsschule des strategischen Managements wiederholt (vgl. Mintzberg et al., 2007, S. 52f. und 89) aufmerksam macht, die beide der rationalen Perspektive zuzuordnen sind.

Ansoff gilt als einer der klassischen Vertreter formaler, rational-entscheidungsorientierter Interpretationen des strategischen Managements und als Begründer des von Mintzberg et al. (2007) als Planungsschule bezeichneten Ansatzes des strategischen Managements. Die Grundlage dazu legte Ansoff im Jahre 1965 mit seinem Buch „Corporate Strategy - Analytical Approach to Business Policy for

Growth and Expansion". „Mit seiner Beschreibung des Management-Ansatzes gilt es als eines der ersten Konzepte. Zusammen mit Chandler und Sloan schuf er den von Whittington als 'Classical School' bezeichneten strategischen Ansatz" (Pillkahn, 2008, S. 240). Dabei ging Ansoff von der Annahme aus, dass es allgemein verbindliche Methoden der strategischen Entscheidungsfindung innerhalb von Unternehmen geben müsse; entsprechend strukturiert, analytisch und deterministisch ist das ursprüngliche Modell des strategischen Managements nach Ansoff. Daneben legte Ansoff im Jahre 1976 mit seinem Konzept der schwachen Signale *(weak signals)* die Grundlage für die strategische Frühaufklärung.

Des Weiteren entwickelte Ansoff in Anlehnung an Chandler den Umwelt-Strategie-Struktur-Ansatz. Dieser bildet mit der Hypothese, dass die Strategiewahl zunächst von der Umwelt bestimmt wird, da der Erfolg einer Strategie von deren Abstimmung auf die Umweltbedingungen abhängt, die Grundgedanken des strategischen Fit *(strategic fit)* zwischen Umwelt und Strategie - ein wesentliches Charakteristikum der strategischen Planung (vgl. Bea & Haas, 2005, S. 88).

Chandler selbst wird vor allem mit dem *Structure follows strategy*-Paradigma bzw. seiner Strategie-Struktur-Hypothese in Verbindung gebracht. In einer historischen Analyse amerikanischer Großunternehmen („Strategy and Structure, Chapters in the History of the American Industrial Enterprise") hat Chandler 1961 (Erstveröffentlichung) gezeigt, dass die Organisationsstruktur von Unternehmen ihrer strategischen Ausrichtung folgt und damit erstmals den Zusammenhang zwischen Strategie und Struktur deutlich gemacht hat. Einschränkend ist anzumerken, dass sich Chandlers Analyse auf Wachstumsstrategien expandierender Unternehmen in wachsenden Märkten und deren Entwicklung zu diversifizierten Unternehmen mit mehreren strategisch weitgehend unabhängigen Geschäfteinheiten und den damit verbundenen Problemen bezog. 1989 schrieb Chandler im Vorwort der Neuauflage „by the late 1960s growth through the acquisition of enterprises in distant or unrelated businesses had become almost a mania. ... This rapid expansion into distant or unrelated businesses put an enormous strain on the multidivisional structure" (Chandler, 1990, Introduction, ohne Seitenangabe). Chandler lieferte mit seiner Analyse die klassische Forderung rationaler Ansätze, wonach die Organisationsstruktur der Unternehmung im Zuge der Strategieumsetzung angepasst werden müsse (vgl. Welge & Al-Laham, 2003, S. 31).

Strategieentwicklung bedeutet in rational-entscheidungsorientierter Perspektive, dass die Strategie durch (Strategie-)Experten explizit formuliert wird, d. h. die inhaltliche Ausarbeitung wird von den Entscheidungsträgern an Experten (Stäbe, Projektteams) delegiert. Strategieformulierung und -umsetzung sind getrennte Phasen, die Implementierung erfolgt durch die operativen Einheiten. In der Terminologie von Mintzberg et al. (2007) machten insbesondere die Vertreter der Design- und der Planungsschule diese Perspektive populär. Grundlage ist die Überzeugung, dass die Intransparenz der Markt- und Wettbewerbsdynamik durch den gezielten Einsatz rationaler Analysemethoden erhellt werden kann (vgl. Nagel & Wimmer, 2008, S. 43). Beispiele für solche Analysemethoden sind das SWOT-Schema sowie implizit im Hinblick auf die Einschätzung der externen Situation auch PEST(EL). Diese Analysemethoden basieren auf der Annahme, dass Stärken und Schwächen der Unternehmung sowie Einflussfaktoren in der Unternehmensumwelt objektiv ermittelbar sind.

Die Popularität solcher Analysemethoden kann als Indiz für den anhaltenden Einfluss der Designschule auf das strategische Management gesehen werden, denn „ihre zentralen Konzepte bilden auch noch heute die Grundlage von Strategiekursen an den Universitäten und liegen weitgehend der modernen Praxis des strategischen Managements zugrunde“ (Mintzberg et al., 2007, S. 38). Die Planungsschule als theoretischer Ursprung der strategischen Planung entstand parallel zur Designschule, wobei als einflussreichstes Buch Ansoffs „Corporate Strategy“ gilt.

Darauf aufbauend wurde von Learned, Christensen, Andrews und Guth in den 1980er Jahren mit dem sogenannten LCAG-Schema eines der ersten geschlossenen Konzeptionen des strategischen Managements und das Basismodell rational-entscheidungsorientierter Ansätze entwickelt, dessen wesentliches Merkmal und Hauptkritikpunkt die explizite Trennung von Strategieformulierung und -implementierung darstellt (vgl. Welge & Al-Laham, 2003, S. 26ff.). Die wesentliche Differenzierung zur Designschule besteht darin, dass im Hinblick auf die Strategieentwicklung der Prozess selbst im Mittelpunkt steht. Dieser wird als so weit formalisierbar angesehen, dass die Strategieempfehlungen, die sich aus ihm ableiten lassen, weitgehend fertig formuliert sein können.

Der Grundgedanke solcher Normstrategieempfehlungen findet sich in vielen Instrumenten des strategischen Managements und insbesondere in den Portfoliomethoden wieder, wenngleich die strategische Planung als solche aufgrund des ihr zugrunde liegenden Versprechens einer instrumentellen Plan- und Steuerbarkeit der Organisation seit den 1980er Jahren in die Kritik geraten ist. „Und doch hat keine Technik mehr Aufmerksamkeit seitens des Managements erhalten als die strategische Planung“ (Mintzberg et al., 2007, S. 82). Dabei sind rational-entscheidungslogische Perspektiven geprägt durch ein mechanistisches Organisationsverständnis: Unternehmen, Prozesse und damit auch die Handlungen der einzelnen Mitarbeiter erscheinen plan- und steuerbar gleichsam einer Mechanik. Die entsprechende Auffassung, Strategien als rational geplante Maßnahmenbündel zu verstehen, dominiert nach wie vor (vgl. Macharzina & Wolf, 2005, S. 257).

Ökonomische Perspektiven

Die ökonomische Perspektive des modernen strategischen Managements ist insbesondere durch die Arbeiten Michael Porters geprägt, die wesentlich zur Popularität dieser Perspektive in der Praxis beigetragen haben. Porters Arbeiten gelten nicht nur als Brückenschlag zwischen volkswirtschaftlicher Industrieökonomie *(industrial organization theory)* und dem strategischen Management (vgl. Welge & Al-Laham, 2003, S. 35), sondern vor allem auch als konzeptionelle Grundlage des marktorientierten Ansatzes. Trotz der weiten Verbreitung der von Porter entwickelten Strategieinstrumente und entsprechender Denk- und Handlungsweisen in der Praxis, sind auch ressourcenorientierte Ansätze zu den ökonomischen Perspektiven des strategischen Managements zu zählen, ebenso wie das klassische Strukturparadigma der industrieökonomischen Forschung, Ansätze der Spieltheorie sowie der Neuen Institutionenökonomie.

Als wichtigsten Vertreter der Positionierungsschule sehen Mintzberg et al. Porter in der Tradition früher militärischer Schriften (Sun Tzu; von Clausewitz) sowie klassischer insbesondere durch die Boston Consulting Group etablierter Ansätze wie der Marktanteils-/Marktwachstumsmatrix und des Erfahrungskurvenkonzepts sowie des PIMS-Programms (vgl. Mintzberg et al., 2007, S. 100ff.). Strategieentwicklung im Sinne der sogenannten Positionierungsschule ist ebenso expertenbasiert wie in rational-entscheidungsorientierter Perspektive, im Hinblick auf andere ökonomische Perspektiven ergibt sich jedoch ein ambivalentes Bild. Ansätze der Neuen Institutionenökonomik (Theorie der Verfügungsrechte, Transaktionskostentheorie, Prinzipal-Agent-Theorie) berücksichtigen explizit Faktoren wie *begrenzte Rationalität*, *individuelle Nutzenmaximierung* sowie *opportunistisches Verhalten*, spieltheoretische Modelle basieren auf der Annahme *unvollständiger Informationen*. Ressourcenbasierte Ansätze thematisieren organisationales Lernen (durch Erfahrung), Kernkompetenzen werden als Ergebnis kollektiver Lernprozesse im Sinne eines systemisch-vernetzten Wissens angesehen (vgl. Welge & Al-Laham, 2003, S. 50). Bei den ökonomischen Perspektiven auf das Konstrukt des strategischen Managements ergibt sich also ein uneinheitliches Bild was die theoretischen Strömungen angeht. Diese Ambivalenz spiegelt sich durch die Dominanz marktorientierter Instrumente und Methoden in der Praxis nur unzureichend wider.

Systemtheoretische und evolutionäre Perspektiven

Systemtheoretischen wie evolutionären Perspektiven liegt die Annahme zugrunde, dass Unternehmen als Organisationen zu komplex sind, um mittels im Vorhinein definierter, geplanter Eingriffe einen zukünftigen Zustand gezielt herbeiführen zu können. Insbesondere in Anbetracht dynamischer und zum Teil von

Diskontinuitäten geprägter Veränderungen der Unternehmensumwelt wurden zunehmend auch die Grenzen rational-entscheidungsorientierter Perspektiven sichtbar. „This is due to logical problems with the notion of sustainable prescriptions for business success in an ever faster moving competitive world, and growing insights in the area of complexity that make us realise better the fundamental limitations to prescience“ (van der Heijden, 2005, p. 31). In diesem Sinne gehen alternative Perspektiven, die weniger dem präskriptiven, idealtypischen Modell vollkommen rationaler Entscheidungen als vielmehr einer Betrachtung tatsächlicher Entscheidungsprozesse in einem deskriptiven Sinne zuzuordnen sind, zurück auf Charles Lindblom (1959). Lindblom konnte beobachten, dass Führungskräfte in Organisationen primär danach handeln, Probleme und Bedrohungen zu vermeiden respektive abzuwenden, als idealtypisch Ziele zu verfolgen und bezeichnete dieses Verhalten als *muddling through* (vgl. Lindblom, zitiert nach van der Heijden, 2005, p. 31f.).

Neuere Vertreter einer solchen Sichtweise sind Mintzberg (1978, 1994) und Quinn (1996), im Gegensatz zu Lindblom spricht Quinn nicht von *muddling through*, sondern von logischem Inkrementalismus und meint damit „successful managers who operate logically and actively, in an *incremental* mode, build the seeds of understanding, identity and commitment into the very processes that create their strategies. Strategy „formulation“ and strategy „implementation“ interact in the organization's continuing stream of events“ (Quinn & Voyer, 1996, p. 101). Mintzberg (1978, 1994) führte in diesem Zusammenhang die Unterscheidung zwischen emergenter und geplanter Strategie ein.

Vertreter system- und evolutionstheoretischer Perspektiven kritisieren an den in der Praxis stark verbreiteten Ansätzen rational-entscheidungsorientierter und (marktorientierter) ökonomischer Perspektiven des strategischen Managements einerseits ein mechanistisch geprägtes Organisationsverständnis und weisen andererseits auf eine Überbewertung der Möglichkeiten rational-analytischer Auswahl und Bewertung von Strategien im Kontext dynamischer Unternehmensumfelder hin (Nagel & Wimmer, 2008; Baumann, 2005). In diesem Zusammenhang wird im deutschen Sprachraum häufig auf die evolutionäre Führungslehre nach Kirsch oder den auf Ulrich zurückgehenden St. Galler Ansatz verwiesen (vgl. z. B. Bea & Haas, 2005, S. 32ff.; Macharzina & Wolf, 2005, S. 72ff.; Thommen & Achleitner, 2003, S. 837ff.; Welge & Al-Laham, 2003, S. 53ff.; siehe dazu Abbildung 7).

Abbildung 7:
St. Galler Management Konzept (eigene Darstellung in Anlehnung an Thommen & Achleitner, 2003, S. 838)

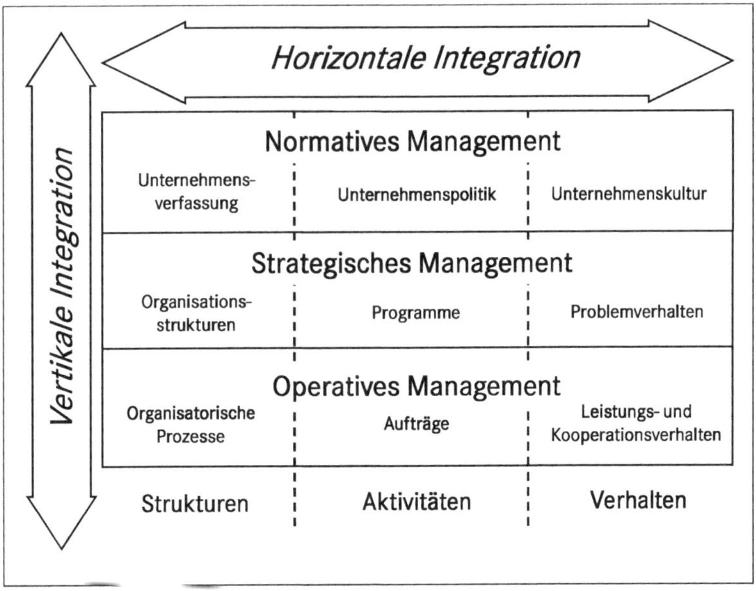

Ob durch Aufgabe der Vorstellung eines synoptischen Planungsprozesses sowie die Annahme, dass ein Unternehmen als Organisation nur begrenzt steuerbar ist, die Disziplin des strategischen Managements um eine realitätsnähere Perspektive ergänzt respektive neuen Anforderungen gerecht werden kann, sei dahingestellt. Populäre Instrumente zur strategischen Analyse oder sogar zur Strategieformulierung, die eine wesentliche Voraussetzung für weite Verbreitung der oben vorgestellten rational-entscheidungsorientierten und ökonomischen Perspektiven des strategischen Managements waren, existieren bis dato nicht und werden zum Teil als unzulässige Trivialisierung der Komplexität von Umwelt und/oder des Unternehmens als Organisation abgelehnt (vgl. Nagel & Wimmer, 2008, S. 17ff.; Baumann, 2005, S. 70ff.). Andererseits wird der Eindruck erzeugt, evolutionäre wie auch systemische Perspektiven benennen sehr genau die Schwachpunkte und oftmals problematischen Vereinfachungen konventioneller Ansätze in der Praxis, ohne jedoch konkrete (Handlungs-)Alternativen anbieten zu können. Impulse zur evolutionären Strategieentwicklung „... entstehen mehr oder weniger zufällig in einem freien Spiel der Kräfte auf den verschiedensten Ebenen einer Organisation. Autonome Subsysteme greifen ohne expliziten strategischen Fokus sich zufällig ergebende Marktchancen auf" (Nagel & Wimmer, 2008, S. 70).

Im Sinne einer evolutionären Adaption bietet eine dezentrale Adaption marktnaher Einheiten auf die (unvorhersehbare) Marktentwicklung die erfolgversprechendste Aussicht für das Gesamtunternehmen. Als radikale Schlussfolgerung evolutionärer Strategieentwicklung ist eine explizite strategische Auseinandersetzung in der Tradition expertenorientierter Ansätze weder sinnvoll noch erforderlich. Im Sinne konventioneller Strategieentwicklung soll diese Perspektive also gar keine Lösung anbieten, da das konventionelle Verständnis expertenorientierter Strategieentwicklung zurückgewiesen wird. Mintzberg et al. ordnen einer solchen evolutionären Perspektive die Lern-, die Macht- sowie die Kulturschule des strategischen Managements zu und skizzieren in diesem Zusammenhang mehr oder weniger abstrakte, deskriptive Modelle – konkrete Instrumente zur strategischen Analyse, zur Strategieformulierung oder -bewertung wurden aus diesen Schulen des strategischen Denkens heraus demnach nicht entwickelt (vgl. Mintzberg et al., 2007, S. 203 ff.).

Im Hinblick auf das systemische Strategieverständnis ergibt sich ein ähnliches Bild. Nagel und Wimmer (2008) verbinden neben dem Abschied vom Ideal der plandeterminierten Unternehmenssteuerung drei wesentliche Einsichten bezüglich der Innovation des systemischen Strategieverständnisses. Demnach wird die Umwelt der Unternehmen als undurchschaubar angesehen, die Zukunft als prinzipiell ungewiss und das Unternehmen als komplexes soziales Gefüge. Die Kombination dieser drei Annahmen bedeutet den „... Abschied von jenen Steuerungsvorstellungen, die den klassischen Konzepten des strategischen Managements zugrunde liegen ..." (Nagel & Wimmer, 2008, S. 19).

Systemtheoretische wie evolutionäre Ansätze des strategischen Managements stellen also eine wichtige Erweiterung der Perspektive auf strategische Entscheidungen wie auch eine Fokussierung auf die Schwachstellen konventioneller Ansätze dieser Disziplin dar. Der zum Teil beabsichtigte Verzicht auf instrumentelle Hilfen zur Lösung strategischer Probleme steht jedoch – bis auf Weiteres – einer breiteren Rezeption in der Unternehmenspraxis entgegen, da auf praktische Herausforderungen eher mit einer Detaillierung der möglichen zugrunde liegenden Problemlagen als mit konkreten Lösungsvorschlägen begegnet wird.

5.5 Der Strategieprozess

Da wir der Integration von Methoden des Strategic Foresight und den klassischen Instrumenten des strategischen Managements besondere Aufmerksamkeit schenken wollen, soll der Strategieprozess als solcher an dieser Stelle nur knapp skizziert werden. In seinen Grundzügen lässt sich ein solcher Prozess durch eine Dreiteilung in *strategische Analyse*, *Strategieentwicklung* sowie *Strategieimplementierung* und *-weiterentwicklung* unterteilen. Je nach theoretischer Perspektive werden diese Hauptphasen des Strategieprozesses im Sinne einer sequentiellen Abfolge im Rahmen eines im Vorhinein geplanten Strategieprozesses- ganz im Sinne einer Trennung von Denken und Handeln - oder als mehr oder weniger interdependente und rückgekoppelte Einzelphasen eines eher inkrementellen Prozesses angesehen.

Strategische Analyse

Im Rahmen der strategischen Analyse gilt die Aufmerksamkeit sowohl der Umwelt (Unternehmensumfeld) als auch dem Unternehmen. Die große Herausforderung in diesem Zusammenhang ist die Erfassung, Verarbeitung und Bewertung aller relevanten unternehmensinternen wie externen Einflussfaktoren. Im nachfolgenden Kapitel werden Instrumente vorgestellt, die im Rahmen der strategischen Analyse zum Einsatz kommen und deren vorrangiges Ziel es ist, die durch die Vielfalt der möglichen Einflussfaktoren gegebene Komplexität zu reduzieren, um somit die gewonnenen Informationen handhabbar und einem strategischen Entscheidungsfindungsprozess zugänglich zu machen. Damit legt die strategische Analyse die Grundlage für die Strategieentwicklung und Auswahl.

Strategieentwicklung und Auswahl

Basierend auf der strategischen Analyse können Strategiealternativen formuliert werden, die als adäquate Mittel erscheinen, die (extern gegebenen) Ziele des Unternehmens zu erreichen. Dabei handelt es sich um alternative Vorstellungen darüber, in welchen Geschäftsfeldern das Unternehmen vertreten sein kann und mit welchen Prioritäten der Ressourceneinsatz erfolgt; daneben gilt es gegebenenfalls notwendige Portfolioveränderungen gegeneinander abzuwägen (vgl. Hungenberg, 2006, S. 407). Die zentrale Herausforderung in dieser Phase des Prozesses ist, „... das Unternehmen in einem von Wandel, Dynamik und Unsicherheit geprägtem Umfeld erfolgreich zu positionieren und den Erfolg langfristig zu sichern“ (Pillkahn, 2008, S. 245). Weiter unten wird auf die Instrumente, die in dieser Phase des Prozesses eingesetzt werden sowie auf die Probleme, die mit der Bewertung und Abwägung von Strategiealternativen verbunden sind, näher eingegangen.

Strategieimplementierung und Weiterentwicklung

Nachhaltiger Unternehmenserfolg bedarf einer erfolgreichen Strategieimplementierung. Erst wenn formulierte und bewertete Strategien konsequent implementiert und in ein übergeordnetes Konzept eingebettet sind, in dessen Rahmen organisatorische, kulturelle und führungsbezogene Gestaltungsentscheidungen getroffen werden, die zu den entsprechenden Strategien passen, kann sich der Unternehmenserfolg einstellen (vgl. Macharzina & Wolf, 2005, S. 382). Erst mit der Entwicklung der Perspektive des strategischen Managements wurde der Umsetzung der Strategie in der Organisation mehr Beachtung geschenkt. Dabei geht es nicht nur darum, für die Realisierung der Strategie konkrete Maßnahmen abzuleiten, sondern auch um die Berücksichtigung gegebenenfalls auftretender Widerstände in der Organisation, z. B. im Falle von Desinvestitionsentscheidungen. Die zur Strategieimplementierung ergriffenen Maßnahmen umfassen meist auch Maßnahmen im personellen Bereich, können grundsätzlich das ganze Spektrum des Führungs-Mix umfassen und sollen vor allem die Motivation zur Strategierealisierung stärken (vgl. Grünig & Kühn, 2005, S. 20).

5.6 Instrumente zur Strategieformulierung

In der Strategieliteratur werden zahlreiche Instrumente bzw. Einzelmethoden vorgeschlagen, die im Rahmen des strategischen Managements eingesetzt werden können und die sich zur Bewältigung mehr oder weniger eng abgegrenzter Aufgaben im Kontext des strategischen Managements eignen. Bei der konkreten Auswahl des in der jeweiligen Literatur vorgestellten Instrumentensatzes entscheidet zum einen die Perspektive der Autoren auf das Konstrukt *strategisches Management*. Dementsprechend werden Instrumente zur strategischen Analyse und Planung, Methoden zur Strategieimplementierung oder zur strategischen Kontrolle vorgestellt, es wird differenziert nach Instrumenten zur Strategie auf Unternehmens- und Geschäftsfeldebene und/oder nach analysebezogenen und umsetzungsbezogenen Strategieinstrumenten.

Andererseits wird die vorgestellte Auswahl dabei in den meisten Fällen nicht wissenschaftlich sondern aus praktischer Sicht begründet, d. h. es werden diejenigen Methoden vorgestellt, denen die größte Eignung respektive Verbreitung und damit Relevanz in der Praxis zugeschrieben wird (vgl. z. B. ; Pillkahn, 2008; S. 426; Grünig & Kühn, 2005, S. 89f.; Macharzina & Wolf, 2005, S. 332). Entsprechend schwierig gestaltet sich der Anspruch, einen umfassenden Überblick über die große Zahl unterschiedlich spezifischer, sich inhaltlich zum Teil überschneidender Instrumente zu geben, die teilweise unter verschiedenen Namen und Abwandlungen in der Literatur Erwähnung finden. Eine auf Vollständigkeit Anspruch erhebende Übersicht der Instrumente des strategischen Managements muss den Rahmen dieser Arbeit sprengen. Entsprechend wird nachfolgend der Fokus auf jene Instrumente gerichtet, die die strategische Analyse, Strategieentwicklung oder -implementierung geprägt haben und die in der Literatur durchweg große Resonanz finden.

Grundsätzlich ist darauf hinzuweisen, dass es das perfekte Instrument zur Strategieformulierung oder die alles beherrschende Methode nicht gibt, weder in der Theorie noch in der Praxis. Alle Instrumente stellen letztlich einen Kompromiss dar und können bei korrektem Einsatz einen wichtigen Beitrag dazu leisten, die Unübersichtlichkeit zu strukturieren, Informationen zu sortieren und Probleme zu analysieren (vgl. Pillkahn, 2008, S. 426). Die vorgestellten Instrumente entstammen zum Teil den Ursprüngen des strategischen Managements in den 1970er Jahren, wie z. B. das Marktanteils- und Marktwachstumsportfolio. Inwiefern insbesondere diese *klassischen* Modelle aus der frühen Entwicklungsphase des strategischen Managements adäquate Antworten auf heutige Fragestellungen liefern und bei der Lösung akuter Problemlagen tatsächlich behilflich sein können, ist umstritten. Integrative Ansätze „... sind in Entwicklung, doch hat sich bis zum heutigen Zeitpunkt keiner wirklich durchgesetzt" (Wenger & Steinmann, 2005, S. 111). Nachfolgend wird auf wesentliche Instrumente zur Strategieformulierung näher eingegangen, um deren Grundannahmen, Funktionsweisen und Prämissen darzustellen. Die Darstellung der Instrumente erfolgt entsprechend zu der von Macharzina und Wolf (2005, S. 294) gewählten Strukturierung in den drei Arbeitsschritten der Strategieformulierung.

Im Einzelnen sind dies die

- strategisch orientierte Gegenwarts- und Zukunftsbeurteilung,
- die Entwicklung der strategischen Stoßrichtung sowie als dritter Arbeitsschritt die
- Festlegung der (Produkt-/Markt-)Strategie.

Strategisch orientierte Gegenwarts- und Zukunftsbeurteilung

Eine strategisch orientierte Gegenwartsbeurteilung und Prognose der Zukunftsentwicklung interner wie externer Rahmenbedingungen ist Grundlagenarbeit jeglicher Strategieformulierung (vgl. Macharzina & Wolf, 2005, S. 331). Allerdings werden dabei weder konkrete Strategien ausgearbeitet noch eine grundsätzliche erfolgversprechende Entwicklungsrichtung des Unternehmens vorgezeichnet. Vielmehr geht es darum, möglichst realistisch solche Potenziale, Möglichkeiten und auch Gefahren zu analysieren, mit denen sich das Unternehmen konfrontiert sieht und insbesondere auch jene Erfolgspotenziale bereits zu erkennen, die erst in der Zukunft Relevanz für das Unternehmen, die Branche oder einzelne Produkte des Unternehmens erlangen. Dementsprechend zielen die nachfolgend vorgestellten Instrumente nicht nur darauf ab, gegenwärtige Entwicklungen respektive vergangenheitsbezogene Daten zu berücksichtigen sowie das Unternehmen als solches zu analysieren, sondern auch auf die möglichst konkrete Abschätzung zukünftiger Entwicklungen in Form von Prognosen. Je nach Instrument liegt dabei der Fokus primär auf der Analyse und Beurteilung der Gegenwart oder der Antizipation bis hin zur Prognose zukünftiger Entwicklungen. Ziel des strategischen Managements muss es sein, mit Hilfe einer geeigneten Strategie eine weitreichende Anpassung der Unternehmung an die Umwelt zu ermöglichen (strategic fit) oder aber alternativ relevante Umweltsegmente im Sinne der unternehmerischen Zielsetzung zu beeinflussen (vgl. Welge & Al-Laham, 2003, S. 187). In diesem Zusammenhang ist also sowohl das vom Unternehmen unmittelbar oder zumindest mittelbar beeinflussbare (Branchen-)Umfeld angesprochen als auch das durch das Unternehmen im Wesentlichen nicht beeinflussbare globale Umfeld inklusive der Stakeholder im direkten Umfeld des Unternehmens.

Umweltanalyse

Die Umweltanalyse nimmt im Rahmen der strategischen Analyse eine zentrale Aufgabe ein. Im Gegensatz zur Branchenstruktur- und Wettbewerbsanalyse zielt die Umweltanalyse auch auf das Makroumfeld des Unternehmens mit ab. Die Makroumwelt geht dabei weit über das makroökomische Umfeld hinaus. So werden bei der Umweltanalyse neben dem Branchenumfeld auch technologische, demografische und soziale, politische und rechtliche sowie ökologische Einflussfaktoren berücksichtigt. Besondere Aufwertung hat die Bedeutung der Unternehmensumwelt durch die Outside-in-Perspektive erfahren, wonach der Blick von der Umwelt aus auf die Unternehmung zu richten ist und nicht wie in traditioneller Sicht vom Unternehmen aus auf die Umwelt (Inside-out) (siehe auch Götz, 2009).

Dabei soll mit der wesentlichen Grundannahme beider Ansätze, nämlich dass die Strategien eines Unternehmens auf Gegebenheiten und Anforderungen der Umwelt abzustimmen sind, langfristiger und gegebenenfalls auch über aktuelle Märkte hinausgehender unternehmerischer Erfolg realisiert werden. Im Sinne des Kernkompetenzansatzes von Prahalad und Hamel (1990), der der Inside-Out-Perspektive der Umweltanalyse und dem ressourcenbasierten Ansatz zuzuordnen ist, geht es z. B. darum, solche Potenziale zu erkennen, denen im Hinblick auf die Stärken (Kernkompetenzen) des Unternehmens besondere Relevanz zuzuschreiben ist. Unabhängig von der der Umweltanalyse zugrundeliegenden Perspektive respektive Interpretationsabsicht (Inside-out und Outside-in) sollen durch die Umweltanalyse die „... *relevanten Umweltgrößen identifiziert und analysiert sowie sich abzeichnende Umwelttrends beschrieben* werden, um erste Anhaltspunkte für sich bietende Chancen und Gefahren dieser bestimmen zu können“ (Macharzina & Wolf, 2005, S. 302; Hervorhebung im Original).

Das Instrument, das zur Analyse der Unternehmensumwelt Anwendung findet, ist unter dem Akronym PEST(EL) bekannt (vgl. Johnson et al., 2005, pp. 65-70) und in Abbildung 8 skizziert.

Abbildung 8:
PESTEL (eigene Darstellung in Anlehnung an Johnson et al., 2005, pp. 64-67)

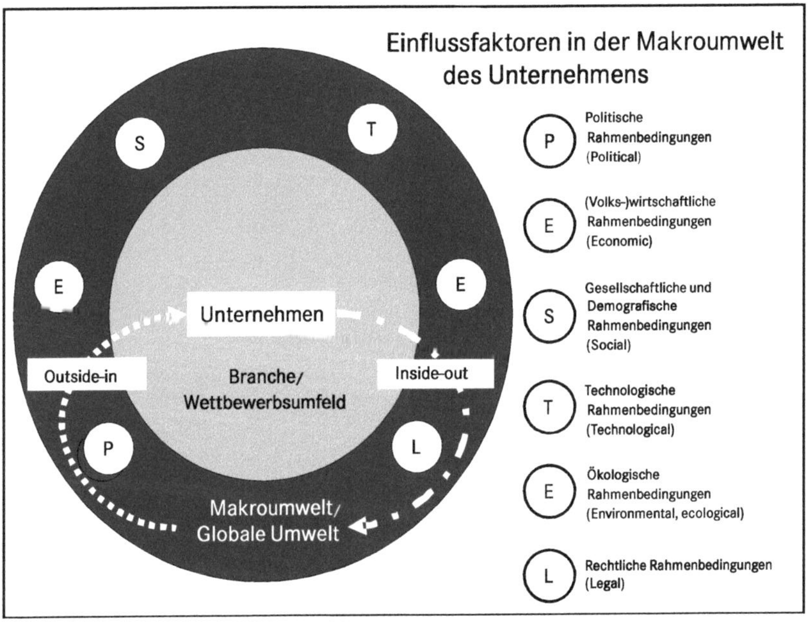

Die Schreibweise ergibt sich aus den sechs für die Umweltanalyse relevanten Arten von Einflussfaktoren. Politische *(political)*, ökonomische (*economic*), gesellschaftliche *(social)* sowie technologische *(technological)* Einflussfaktoren werden dabei prinzipiell berücksichtigt, seit einigen Jahren auch vermehrt ökologische *(environmental)* und rechtliche *(legal)* Entwicklungen. Als ökonomische Einflussfaktoren werden primär volkswirtschaftliche Kennzahlen wie z. B. die Entwicklungen von Volkseinkommen und Wirtschaftswachstum in relevanten Ländern (Märkten), des internationalen Handels, der Beschäftigung, relevanter Wirtschaftssektoren oder zu erwartender Konjunkturschwankungen gesehen, während Themen wie demografischer Wandel oder Wertewandel aktuell besonders wichtige Aspekte der gesellschaftlichen Rahmenbedingungen des Makroumfeldes darstellen (siehe auch Abbildung 9).

Abbildung 9:
Checkliste zur Analyse der Makroumwelt (Hungenberg, 2006, S. 97)

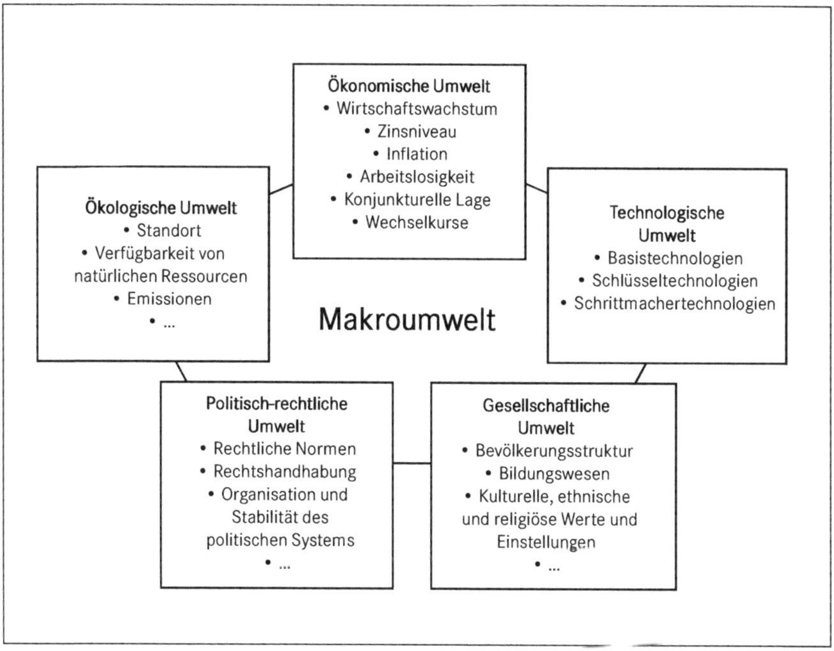

PEST(EL) ist also zunächst vor allem ein Rahmen, der dabei hilft, die Komplexität der Makroumwelt durch eine Strukturierung aller potenzieller Einflussfaktoren in sechs große Themenkomplexe besser handhabbar zu machen. Dadurch ist es möglich, externe Einflussfaktoren zu erkennen, die das Unternehmen selbst sowie wichtige Märkte und Produkte des Unternehmens beeinflussen können, auf die das Unternehmen selbst jedoch keinen Einfluss nehmen kann. Wesentliche Probleme sind damit aber noch nicht gelöst. Relevante Faktoren müssen von weniger relevanten unterschieden werden können, um die Menge an Informationen auf die für das Unternehmen relevanten Umfeldfaktoren zu begrenzen; außerdem sind viele der potenziellen Einflussfaktoren interdependent und stehen in komplexen Wechselwirkungen miteinander. „Eine wesentliche Aufgabe der Umweltanalyse ist es ..., aus der prinzipiell unüberschaubaren Fülle von Einflussfaktoren die wichtigsten herauszufiltern“ (Welge & Al-Laham, 2003, S. 187).

Johnson et al. (2005, p. 69) bezeichnen die wesentlichen Einflussfaktoren als „key drivers of change“ und beziehen sich damit auf jene Faktoren, die auch aufgrund interdependenter Beziehungen zu anderen Einflussfaktoren das Potenzial haben, die Struktur ganzer Branchen und Sektoren nachhaltig zu ändern. Dieser Aufgabe kann PEST(EL) nur bedingt gerecht werden, bedarf es doch eines Auswahlprinzips, das die durch die PEST(EL)-Struktur geordneten externen Einflussfaktoren in relevante und nicht relevante Einflussfaktoren unterscheidet. Des Weiteren besteht die Gefahr, dass nur Einflussfaktoren herausgefiltert werden, die für das Unternehmen gegenwärtig relevant sind, aber nicht für das Unternehmen in der Zukunft. „Als ein solches Identitätsprinzip (Auswahlprinzip) wird vielfach die Unternehmensaufgabe oder das Sachziel der Unternehmung herausgestellt“ (Welge & Al-Laham, 2003, S. 188). Im Hinblick auf die Umweltanalyse, auch im Sinne eines „Zukunftsprofils der Umwelt“ (Macharzina & Wolf, 2005, S. 305), kann der durch PEST(EL) strukturierte Rahmen einen wichtigen Beitrag leisten. Des Weiteren kann die Umweltanalyse eine wichtige Grundlage für die SWOT-Analyse liefern, indem durch die Umweltanalyse erkannte zukünftige Chancen *(opportunities)* und Risiken *(threats)* den Ergebnissen der Unternehmensanalyse - den Stärken *(strengths)* und Schwächen *(weaknesses)* - des Unternehmens gegenübergestellt werden (vgl. Welge & Al-Laham, 2003, S. 187). Auf die in diesem Sinne zur Umweltanalyse komplementäre Unternehmensanalyse wird nachfolgend eingegangen.

Unternehmensanalyse

Prinzipiell dient die einfache Unternehmensanalyse dazu, die Umweltentsprechung des Unternehmens zu prüfen. Im Rahmen einer solchen Analyse wird unter Berücksichtigung des gegenwärtigen Zustandes ein Zukunftsbild strategisch relevanter Unternehmensfaktoren entworfen, weshalb in diesem Zusammenhang auch von einer Potenzialanalyse gesprochen wird (vgl. Macharzina & Wolf, 2005, S. 305). Dabei sollen alle potenziell relevanten Faktoren innerhalb der Unternehmung berücksichtigt werden, die das zukünftige (Erfolgs-)Potenzial bestimmen. Dies betrifft die allgemeine Unternehmensentwicklung ebenso wie Indikatoren für die *Innovationsfähigkeit*, Themenkomplexe wie *Führung und Organisation* sowie einzelne Unternehmensbereiche wie *Marketing*, *Produktion*, *Forschung & Entwicklung*, *Finanzen* und *Personal* (siehe Tabelle 5).

Tabelle 5:
Checkliste zur Unternehmensanalyse (vgl. Macharzina & Wolf, 2005, S. 304)

Allgemeine Unternehmensentwicklung	Umsatzentwicklung; Cashflow-Entwicklung; Entwicklung des Personalbestands; Entwicklung der Kosten (fixe und variable)
Marketing	Marketingleistung (Sortiment, Qualität der Hauptleistungen, Konstanz und Individualität der Leistungen sowie Fehlerraten, Qualität der Nebenleistungen, Qualitätsimage); Preis (Preisniveau, Rabatte, Zahlungskonditionen); Marktbearbeitungsaktivitäten (Werbung, Verkauf, Öffentlichkeitsarbeit, Markenpolitik, Imagepflege)
Produktion	Produktionsprogramm; Produktionstechnologie; vertikale Integration; Produktionskapazitäten; Produktivität; Produktionskosten; Einkauf und Versorgungssicherheit
Forschung und Entwicklung	Leistungsfähigkeit der F&E (gegenwärtige Aktivitäten sowie geplante Investitionen in Verfahrens-, Produkt- und Softwareentwicklung; F&E-Knowhow; Patente und Lizenzen)
Finanzen	Kapitalvolumen und Kapitalstruktur (Finanzierungspotenzial; Working Capital); Kapitalumschlag; Stille Reserven; Liquidität; Investitionsintensität
Personal	Qualitative Leistungsfähigkeit der Mitarbeiter (Leistungswille, Betriebsklima, Teamgeist, Wertekonsens); Entgeltpolitik und Sozialleistungen
Führung und Organisation	Qualität der Führungskräfte (Entscheidungsgüte und -geschwindigkeit); Strategie-Struktur-Kultur-Fit; Knowhow (bzgl. Kooperationen; Akquisitionen)
Innovationsfähigkeit	Einführung neuer Marktleistungen; Erschließung neuer Märkte; Erschließung neuer Absatzkanäle

Analog zur Strukturierung der Umweltanalyse ist eine große Vielfalt und Komplexität der zu berücksichtigenden internen Einflussfaktoren gegeben. Die Differenzierung einzelner Faktoren nach Relevanz für das konkrete Unternehmen zu einem bestimmten Zeitpunkt ist dementsprechend unerlässlich. Außerdem muss die Umweltanalyse die Unternehmensanalyse ergänzen, um das Unternehmen in Relation zur Makroumwelt zu setzen, in der es agiert.

Die Unternehmensanalyse ist als notwendige Ergänzung zur Umweltanalyse zu sehen, denn ohne das Zukunftsprofil der Umwelt in Relation zu strategisch relevanten Unternehmensfaktoren zu setzen, ließen sich keine strategisch relevanten Informationen ableiten. Dennoch handelt es sich bei der Unternehmensanalyse ebenso wie bei der Umweltanalyse um isolierte Betrachtungsweisen des jeweiligen Analysegegenstandes, d. h. eine integrierte Darstellung interner wie externer Einflussfaktoren ist nicht möglich.Entsprechend sind die Umwelt- und Unternehmensanalyse als notwendige wenngleich nicht hinreichende Analyseinstrumente anzusehen, die die Grundlage bilden für weitere Instrumente der strategischen Gegenwarts- und Zukunftsbeurteilung.

Modell der Wertschöpfungskette

Das Modell der Wertschöpfungskette zielt als Instrument darauf ab, Wettbewerbsvorteile zu identifizieren. Hierbei steht die Angebotsseite im Mittelpunkt. Mit Hilfe der Wertkette werden diejenigen Ressourcen bzw. Ressourcenstärken im Ressourcensystem identifiziert, welche die Basis für Angebotsvorteile darstellen (vgl. Grünig & Kühn, 2005, S. 333). Wettbewerbsvorteile im Sinne der Wertkette sind also Angebotsvorteile, denn nur diese können das Unternehmen im Hinblick auf das als gegeben angesehene Branchenumfeld beeinflussen. „Hierzu soll nicht nur eine isolierte Betrachtung von internen Produktionsprozessen, sondern überdies eine branchenbezogene Analyse des Unternehmens im Hinblick auf seine *Wettbewerbsvorteile* durchgeführt werden" (Macharzina & Wolf, 2005, S. 306; Hervorhebung im Original). Porter (1999) erarbeitete sowohl das Modell der Wertschöpfungskette als auch den Ansatz der Branchenstrukturanalyse auf Basis des aus der Volkswirtschaft stammenden industrieökonomischen Ansatzes.

Die theoretische Basis des Modells der Wertschöpfungskette liegt mit dieser Outside-in-Perspektive, in der von der Branche des Unternehmens unter Berücksichtigung der Analyse aller Bestandteile der Wertschöpfungskette auf die Wettbewerbsvorteile des analysierten Unternehmens geschlossen wird, im marktorientierten Ansatz (*marked-based view*). Da es sich um eine branchenbezogene Analyse handelt, kann sich die Wertkette immer nur auf ein Einbranchenunternehmen oder auf ein Geschäftsfeld eines Mehrbranchenunternehmens beziehen, da die Wertkette entsprechend den branchen-spezifischen Geschäftssystemen variiert (siehe Abbildung 10).

Abbildung 10:
Geschäftssysteme in unterschiedlichen Branchen (Hungenberg, 2006, S. 147)

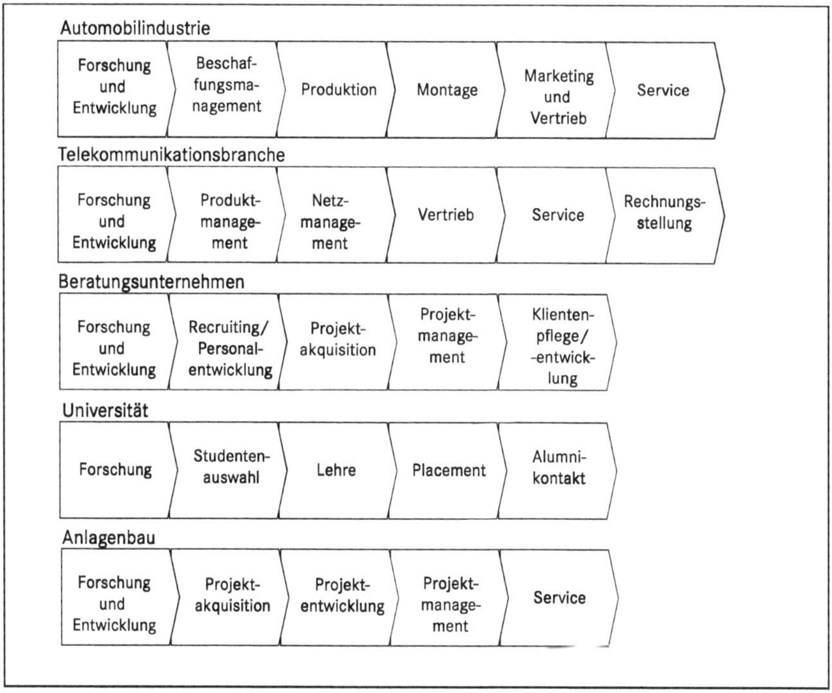

Zur Analyse der einzelnen Aktivitäten in der Wertkette des zu analysierenden Unternehmens werden diese nach primären und unterstützenden Tätigkeiten differenziert.

Primäre Aktivitäten tragen direkt zur Erstellung eines Produktes oder einer Dienstleistung bei, während die unterstützenden Aktivitäten sich zwar einzelnen Prozessen der Leistungserstellung zuordnen lassen, darüber hinaus aber auch zur gesamten Wertschöpfungskette beitragen. Die unterstützenden Tätigkeiten (Unternehmensinfrastruktur, Personalwirtschaft, Technologieentwicklung und Beschaffung) gewährleisten erst das effiziente Funktionieren der primären Aktivitäten. Zu diesen gehören die Eingangslogistik, Operationen (Produktion oder sonstige Leistungserstellung), Ausgangslogistik, Marketing und Vertrieb sowie der Kundendienst. Je nach Analysezweck lassen sich die einzelnen Aktivitäten der Wertkette weiter unterteilen (vgl. Hungenberg, 2006, S. 151), die Ausgangslogistik z. B. in Auftragsabwicklung, Lagerung von Fertigwaren und Berichtswesen (siehe Abbildung 11).

Abbildung 11:
Die Wertkette (Porter, 1999, S. 330)

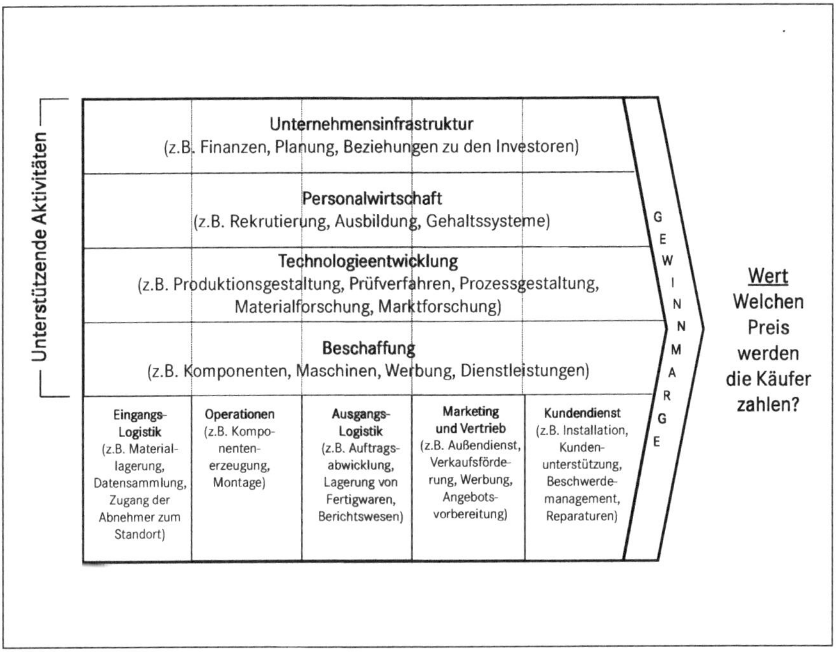

Grundgedanke hinter der Analyse der Teilaktivitäten in der Wertschöpfungskette ist, diese durch die gewonnenen Informationen zu optimieren. „Die Aktivitäten bilden die Grundlagen der Wettbewerbsvorteile, sei es, daß sie dem Unternehmen eine herausragende Kostenposition sichern oder eine Differenzierung ermöglichen“ (Porter, 1999, S. 331).

Die Kategorie Gewinnmarge am rechten Rand der Abbildung 11 signalisiert, dass die in einer Branche zu realisierenden Gewinne von einem effizienten Management der Wertkette gesteigert werden können. Mit der Unterteilung der Wertschöpfungsaktivitäten in primäre und unterstützende wendet sich das vorliegende Modell allerdings gegen traditionelle Wertschöpfungsanalysen, die in pauschaler Form die Differenz zwischen Verkaufspreisen und Einkaufspreisen für Rohstoffe als Wertschöpfungsbeitrag begreifen (vgl. Macharzina & Wolf, 2005, S. 308).

Zudem macht das Modell der (branchenspezifischen) Analyse der Wertkette deutlich, dass die Wertkette und die relative Wichtigkeit der Einzelaktivitäten durch die Branche bestimmt wird, woraus sich für das Top-Management die

Aufgabe ergibt, die Wertkette des eigenen Unternehmens mit der von Wettbewerbern zu vergleichen und gegebenenfalls im Hinblick auf die Branchenverhältnisse neu zu definieren. In jedem Fall wird durch die Analyse der Wertschöpfungskette die Positionierung des Unternehmens oder eines Geschäftsfeldes innerhalb der Branche und gegebenenfalls Verbesserungspotenzial auf der Angebotsseite und damit Handlungsbedarf für das strategische Management sichtbar. Dabei ist das vorliegende Analyseinstrument nicht nur der von Mintzberg et al. (2007) als Positionierungsschule bezeichneten Perspektive des strategischen Managements zuzuordnen, sondern hat diese wesentlich geprägt.

Das Modell der Wertschöpfungskette hat als Analyseraster vor allem in der Praxis erhebliche Verbreitung erfahren, obwohl die Beurteilungen ambivalent ausfallen. Das Konzept wird als noch nicht anwendungsreif bezeichnet, da die überwiegend qualitativen und aus Einzelbeispielen abgeleiteten Aussagen zuvor einer empirischen Überprüfung unterzogen werden müssten (vgl. Macharzina & Wolf, 2005, S. 311).

Branchenstruktur- und Wettbewerbsanalyse

„Strategisches Management bedeutet letztlich nichts anderes als den Wettbewerb zu verstehen, und das zu tun, was nötig ist, um ihn zu bestehen“ (Porter, 2008, S. 20). Neben dem Modell der Wertkette, das das Unternehmen in den Mittelpunkt der Analyse rückt, geht auch das 1979 erstmals veröffentlichte Modell der Branchenstruktur- oder Wettbewerbsanalyse auf Porter zurück. Hierbei geht es jedoch nicht primär um die Optimierung unternehmensinterner Wertschöpfungsaktivitäten zur Generierung von Wettbewerbsvorteilen in einer Branche, sondern die Analyse der Branchenumwelt steht im Mittelpunkt.

Somit ist die Branchenstruktur- und Wettbewerbsanalyse eine wichtige Grundlage für die Analyse der Wertschöpfungskette und wurde bis heute nicht wesentlich verändert, wie die aktuelle Überarbeitung (Porter, 2008) zeigt. Porter folgt dabei dem industrieökonomischen Ansatz und stellt die Branchenstruktur in den Mittelpunkt der Betrachtung (vgl. Bea & Haas, 2005, S. 99). Branchenstruktur und Wettbewerbskräfte wirken sich nach Porter direkt auf die (zukünftige) Profitabilität einer Branche aus und werden von fünf *Wettbewerbskräften* bestimmt (vgl. Porter, 2008, S. 20).

Im Einzelnen sind dies die Verhandlungsmacht der Käufer und der Zulieferer, die Gefahr durch neue Wettbewerber und die Bedrohung durch alternative Produkte oder Dienstleistungen (Substitute) sowie die Intensität der Rivalität der Wettbewerber in einer Branche (vgl. Abbildung 12). Die Intensität des Konkurrenzdrucks im Wettbewerb wird dabei durch die übrigen vier Wettbewerbskräfte bestimmt.

Abbildung 12:
Die fünf Wettbewerbskräfte (Porter, 2008, S. 21)

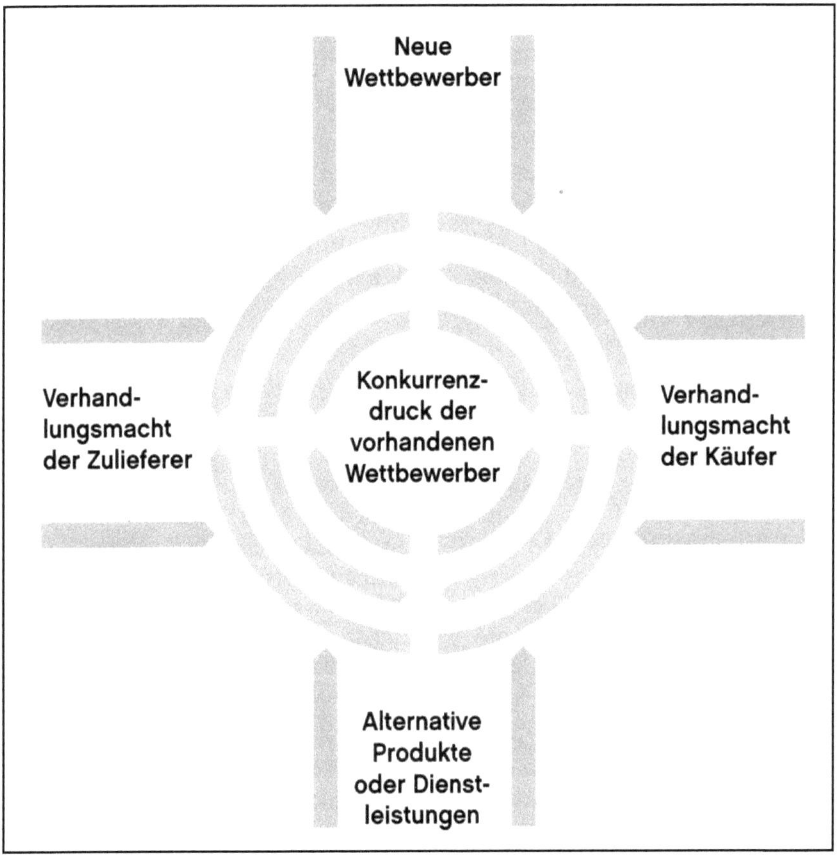

Prinzipiell lässt sich die Branchenstruktur- und Wettbewerbsanalyse auf alle Branchen anwenden, unabhängig davon, ob Produkte oder Dienstleistungen angeboten werden, wobei die Wirkung der fünf Wettbewerbskräfte variieren kann. Diese Branchen- und damit Marktabhängigkeit der Wettbewerbskräfte impliziert die auf die Industrieökonomik zurückgehende Perspektive des marktorientierten Ansatzes.

Gap-Analyse

Die Gap-Analyse *(gap analysis)* ist ein klassisches Instrument der strategischen Planung und kann mit „Lückenanalyse“ übersetzt werden. Im Mittelpunkt des Interesses stehen dabei Abweichungen (engl. gap = Lücke) zwischen unterschiedlichen Annahmen bezüglich der zukünftigen Entwicklungsverläufe eines Geschäfts (Produkt oder Dienstleistung) und anschließender Interpretation. Ziel der Gap-Analyse ist es, durch optimale Auswahl von Strategien die strategische Lücke zwischen der Zielprojektion als gewünschter Entwicklung und dem durch operative Maßnahmen erreichbaren potenziellen Basisgeschäft zu schließen (vgl. Abbildung 13).

Abbildung 13:
Gap-Analyse (eigene Darstellung in Anlehnung an Bea & Haas, 2005, S. 167; Thommen & Achleitner, 2003, S. 918; Simon & von der Gathen, 2002, S. 76)

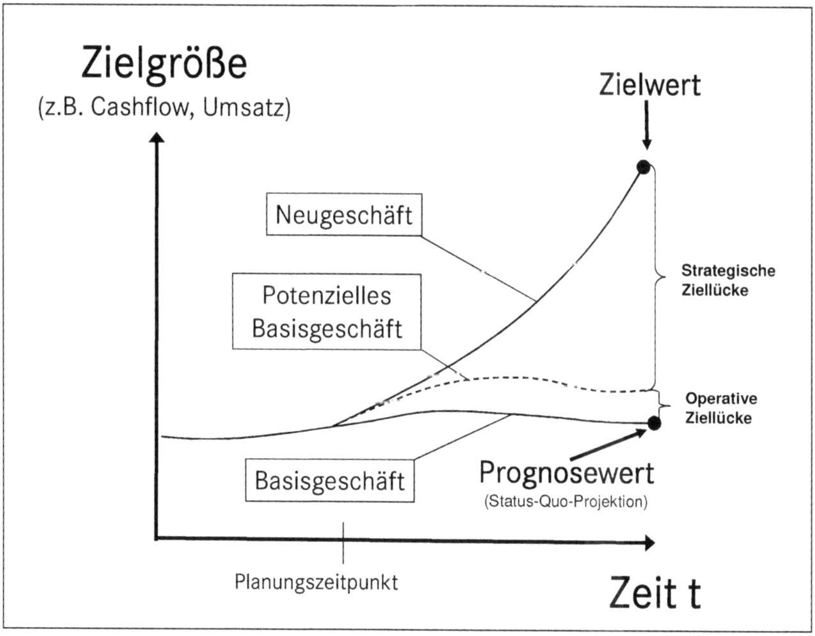

Die operativen Maßnahmen umfassen im Wesentlichen unterstützende Maßnahmen zu bisherigen oder neuen Strategien, wie z. B. Rationalisierungsmaßnahmen, wohingegen strategische Maßnahmen primär die Entwicklung neuer Strategien beschreiben, bspw. Produktinnovationen oder Differenzierungen von der Konkurrenz (vgl. Thommen & Achleitner, 2003, S. 918).

Mit der Gap-Analyse sollen erste Anhaltspunkte ermittelt werden, inwieweit ein Unternehmen im Hinblick auf die Realisierung zukünftiger Zielerwartungen bereits vorgesorgt hat; hierzu werden zwei Zukunftsprojektionen miteinander verglichen (vgl. Macharzina & Wolf, 2005, S. 321). Zu diesem Zweck werden quantifizierbare Segmente der Unternehmensziele (Gewinne und Umsätze) als Soll-Größen in die Zukunft projiziert und der tatsächlich zu erwartenden Entwicklung gegenübergestellt, die zu erwarten ist, wenn keine zusätzlichen Unternehmensaktivitäten zur Erreichung der Zielgrößen initiiert werden.

Wesentliches Merkmal des vorliegenden Strategieinstruments ist also die Prognose bzw. Projektion des zukünftigen Status Quo ohne zusätzliche Maßnahmen zur Zielerreichung, mit operativen Maßnahmen zur Zielerreichung sowie der potenzielle Beitrag strategischer Maßnahmen zur Zielerreichung. Die (ungedeckte) strategische Lücke entspricht dabei der Differenz des Zielwertes und des in die Zukunft projizierten Status Quo ohne zusätzliche Maßnahmen abzüglich der durch operative Maßnahmen gedeckten Lücke. Aufgrund fortschreitender Produktlebenszyklen der zum Planungszeitpunkt bereits am Markt befindlichen Produkte wird in der Regel von einem schrumpfenden Basisgeschäft (projizierter Status Quo) ausgegangen. Die Gap-Analyse impliziert also die für ihre Durchführung notwendigen Prognosen gleichsam mit. Zum Teil wird die Gap-Analyse selbst als eine der Trendextrapolation zuzuordnende spezifische quantitative Prognosemethode bezeichnet (vgl. Welge & Al-Laham, 2003, S. 293f.). AAnalyse und Prognose lassen sich im Falle des vorliegenden Strategieinstrumentes nicht klar trennen. Hinzu kommt, dass strategische Entscheidungen immer auch in Wechselwirkung mit dem Unternehmensumfeld stehen, hinsichtlich der Gap-Analyse jedoch eine „... ungenügende Berücksichtigung unternehmensexterner Entwicklungen ...“ (Macharzina & Wolf, 2005, S. 323) zu kritisieren ist.

Im Rahmen der strategischen Planung liegt der spezifische Nutzen der Gap-Analyse primär in ihrer Funktion als erstes grobes Analyseraster, das durch die Antizipation von zu erwartenden Ziel-Ist-Abweichungen Anregungen für die weitere Strategieselektion aufwirft (vgl. Simon & von der Gathen, 2002, S. 77). Der stark ausgeprägte prognostische Charakter respektive die Vermischung von Prognose und Analyse wird dabei in der Literatur kaum problematisiert. Macharzina und Wolf (2005, S. 323) verweisen jedoch darauf, „... dass sich die Gap-Analyse auf die Abschätzung und Validierung der erwarteten Zukunftsaussichten des Unternehmens konzentriert, wobei das Instrument kaum mehr als dem gesunden Menschenverstand entspricht und die daraus gewinnbaren Aussagen schon fast Trivialcharakter haben“. Aus denobigen Ausführungen geht des Weiteren hervor, dass die Gap-Analyse sich ausschließlich auf quantitative Prognosen stützt, deren Angemessenheit, Exaktheit und Überprüfbarkeit hinsichtlich der Schließung der operativen Lücke gegeben ist, hinsichtlich der strategischen Lücke jedoch in Frage zu stellen ist.

Strategische Frühaufklärung

Die strategische Frühaufklärung dient dazu, potenzielle Bedrohungen aber auch Chancen möglichst früh zu erkennen, um das entsprechende Wissen bei strategischen Entscheidungen berücksichtigen zu können. Aktuelle Ansätze zur strategischen Frühaufklärung gehen dabei zurück auf Ansoff, der mit seinem Konzept der schwachen Signale *(weak signals)* (vgl. Ansoff, 1975, p. 23) die Grundlage der modernen Frühaufklärung im Sinne eines „*Diskontinuitätenmanagements*" (Macharzina & Wolf, 2005, S. 323) gelegt hat.

Schwache Signale zeichnen sich dadurch aus, dass es sich um Informationen aus der Unternehmensumwelt handelt, deren Inhalt noch weitgehend unstrukturiert ist. Schwache Signale stellen Hinweise auf bevorstehende Diskontinuitäten oder mögliche Strukturbrüche dar, bspw. in Form radikaler Innovationen oder Bedürfnisverschiebungen der Kunden und sind primär qualitativer Natur. Sie schlagen sich weder in quantitativ erfassbaren Daten nieder noch sind die zugrundeliegenden Kausalzusammenhänge gesichert.

Prinzipiell bezieht sich die strategische Frühaufklärung auf Aspekte der Unternehmensumwelt (politische, ökonomische, gesellschaftliche sowie technologische) inklusive der Ansprüche der Stakeholder, „... da diese die Zielsetzung der Unternehmung spürbar beeinflussen können" (Welge & Al-Laham, 2003, S. 306). Nach dem Konzept der schwachen Signale lassen sich in der Unternehmensumwelt erste wenngleich schwache Anzeichen für zukünftig wichtige, die Unternehmensstrategie betreffende Ereignisse erkennen.

Die frühzeitige Antizipation solcher Ereignisse ist insbesondere in einem dynamischen und komplexen Unternehmensumfeld von großer Bedeutung, damit die Unternehmen von zukünftigen Diskontinuitäten und disruptiven Veränderungen in ihrem Umfeld nicht überrascht werden, sondern bereits im Vorfeld strategische Reaktionen vorbereiten können. Nur so können die Unternehmen „... genügend Vorlauf zur Entwicklung ihrer strategischen Entscheidungen und damit ein höheres Maß an Reaktionsbereitschaft gewinnen ..." (Macharzina & Wolf, 2005, S. 323). In diesem Sinne treten also selbst Strukturbrüche und disruptive Umweltveränderungen nicht vollkommen unvorhersehbar auf, sondern lassen sich anhand ihrer im Vorfeld erkennbaren schwachen Signale frühzeitig erkennen.

Strategische Frühaufklärung verfolgt also das Ziel, das Unternehmen so früh wie möglich auf wichtige zukünftige Umweltveränderungen vorzubereiten, seien es Gefahren oder Chancen für das Unternehmen. Allerdings steigt mit der Verbreiterung der Perspektive der Analyseaufwand erheblich an, da sich theoretisch jedes gegenwärtig nebensächliche Indiz als schwaches Signal erweisen könnte. „Oftmals sind es Vorahnung oder Bauchgefühl – also ganz subjektive Einschätzungen, die dann zu der Einschätzung als schwaches Signal führen“ (Pillkahn, 2008, S. 439).

Entwicklung der strategischen Stoßrichtung

Die Entwicklung der strategischen Stoßrichtung beinhaltet primär die Suche nach neuen Geschäftsmöglichkeiten mit dem Ziel einer erfolgversprechenden strategischen Positionierung des Unternehmens. In diesem Zusammenhang ist darauf hinzuweisen, dass die Entwicklung der strategischen Stoßrichtung nicht die Unternehmensziele definiert. Definierte Unternehmensziele sind die Grundlage für die Festlegung der strategischen Stoßrichtung, die die Wahl der Mittel in Form von (Unternehmens-)Strategien zur Erreichung der Unternehmensziele bestimmt.

Um diese nicht dem Zufall zu überlassen, wurden auch hierzu eine Reihe von Instrumenten entwickelt, die die Suche unterstützen sollen, allerdings beschränkt sich die Mehrzahl der Instrumente darauf, den Suchraum potenzieller Geschäftsfelder strukturierend zu ordnen (vgl. Macharzina & Wolf, 2005, S. 331-332). Von ihrem Grundsatz her gleichen sie damit den morphologischen Kreativitätstechniken.

Ein gemeinsames Merkmal der nachfolgend dargestellten Instrumente besteht darin, dass sie keine Lösungssicherheit vermitteln, sondern heuristischer Natur sind. Entsprechend ihrem heuristischen Charakter können Strategieinstrumente keine direkten und eindeutigen Lösungen für strategische Problemstellungen liefern, allerdings können Rahmenbedingungen strukturiert und auf Basis dieser Annahmen strategische Optionen benannt werden.

Produkt-Markt-Matrix

Die Produkt-Markt-Matrix stellt das „wohl bekannteste suchfeldanalytische Instrument“ (Macharzina & Wolf, 2005, S. 338) dar und wird nach ihrem Erfinder auch als ansoffsche Produkt-Markt-Matrix oder Ansoff-Matrix bezeichnet. In den 1960er Jahren entwickelte Ansoff, ausgehend von der Frage was (Produkt) wem (Markt) angeboten werden soll, mit dem vorliegenden Konzept die erste Systematik von Wachstumsstrategien (vgl. Bea & Haas, 2005, S. 168).

Im Gegensatz zu den bisher vorgestellten Strategieinstrumenten ergeben sich aus der Situation des Unternehmens bzw. Geschäftsfeldes generische Wachstumsstrategien. Im Einzelnen sind dies Marktdurchdringung, Marktentwicklung, Produktentwicklung und Diversifikation, die als grundsätzliche Alternativen der strategischen Stoßrichtung möglich sind. Welche dieser Produkt-Markt-Strategien im Einzelfall sinnvoll sind, ergibt sich aus den Produkt-Markt-

Kombinationen beziehungsweise der Positionierung in der Vierfeldermatrix (Abbildung 14).

Abbildung 14:
Produkt-Markt-Matrix (vgl. Ansoff, 1988, S. 612)

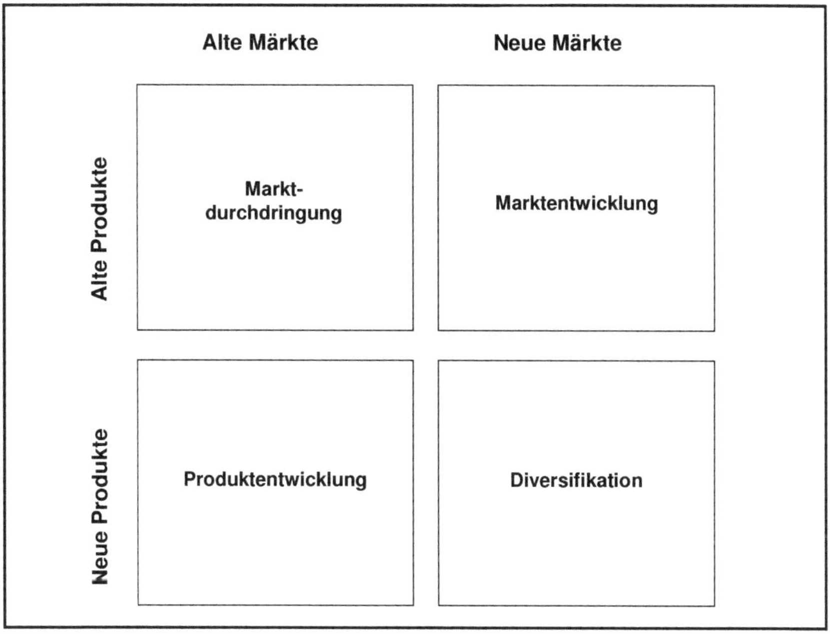

Entscheidend ist, dass es zur Umsetzung dieser Primärstrategien weitaus detaillierterer Sekundärstrategien bedarf (siehe Tabelle 6), zu deren Entwicklung oder Ableitung die Produkt-Markt-Matrix keine Hilfestellung liefert. Zudem wird in der Matrix der zum Teil erheblich differierende Mehraufwand, der mit der Verfolgung der einen oder anderen strategischen Stoßrichtung verbunden ist, nicht berücksichtigt.

Tabelle 6:
Sekundärstrategien bei der Umsetzung strategischer Stoßrichtungen (vgl. Macharzina & Wolf, 2005, S. 339)

Marktdurchdringung	Erhöhung der gegenwärtigen Produktnutzungsrate der Kunden
	Gewinnung von Kunden der Konkurrenz
	Akquisition von Neukunden, die bislang kein vergleichbares Produkt gekauft haben
Markterweiterung (Marktentwicklung)	Räumliche Markterweiterung
	Gewinnung neuer Marktsegmente
Produkterweiterung	Entwicklung neuer Produktmerkmale
	Entwicklung neuer Qualitätsvariationen
Diversifikation	Verbindung von Markt- und Produkterweiterung

SWOT-Analyse

Die von der Harvard Business School entwickelte SWOT-Analyse (auch TOWS-Analyse) stellt eine Kombination aus Umwelt- und Unternehmensanalyse dar. Mit ihrer Hilfe ist es möglich, die Stärken *(strengths)* und Schwächen *(weaknesses)* des Unternehmens den externen Chancen (*opportunities*) und Gefahren *(threats)* gegenüberzustellen und - ähnlich der Produkt-Markt-Matrix - über eine Vierfeldermatrix grundlegende strategische Stoßrichtungen im Sinne von Primärstrategien zu entwickeln (siehe Abbildung 15).

Letzterer Punkt unterscheidet die SWOT-Analyse von einer rein deskriptiven WOTS-UP-Analyse, die hinsichtlich der Gegenüberstellung von Umwelt- und Unternehmensanalyse als Vorstufe zur SWOT zu sehen ist.

Abbildung 15:
SWOT-Analyse (eigene Darstellung in Anlehnung an Hungenberg, 2006, S. 88)

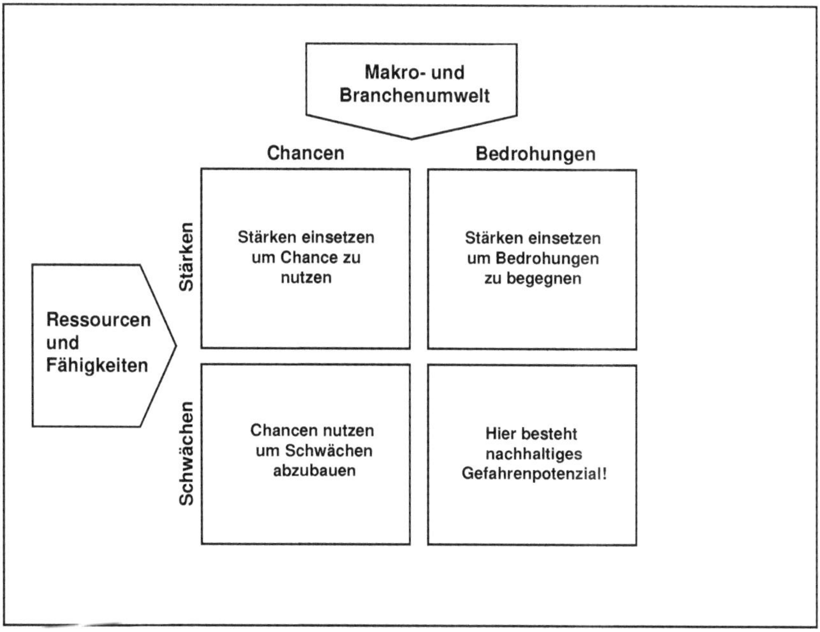

Eine solche Gegenüberstellung verdeutlicht, ob die gegenwärtigen Stärken und Schwächen eines Geschäftsfeldes oder Einbranchenunternehmens vor dem Hintergrund erwarteter zukünftiger Entwicklungen prinzipiell relevant und insbesondere auch geeignet sind, die sich abzeichnenden Gefahren zu bewältigen und zukünftige Chancen zu nutzen (vgl. Hungenberg, 2006, S. 89). Ziel dabei ist die Anpassung interner Fähigkeiten bzw. Ressourcen des Unternehmens an antizipierte zukünftige Rahmenbedingungen respektive deren Entwicklung. Problematisch ist in diesem Zusammenhang, dass die SWOT-Analyse keine Informationen über die jeweiligen Wirkungsbeiträge der Kontextvariablen bereitstellt und keinerlei Prozessbeschreibungen enthält, wie die Anwender von der Kontextbeurteilung zu den strategischen Stoßrichtungen gelangen (vgl. Macharzina & Wolf, 2005, S. 341f.).

Zudem ist das vorliegende Instrument in hohem Maße von der Qualität und Detailliertheit der zugrundeliegenden strategischen Analyse abhängig, welche die Informationen liefern muss, die in das Analyseraster der SWOT-Analyse einzuordnen sind. Ähnlich der Produkt-Markt-Matrix stehen einer oberflächlichen Plausibilität und Einfachheit des Instruments offene Fragen hinsichtlich der Gewichtung einzelner (Einfluss-)Faktoren sowie der prozessualen Ausgestaltung gegenüber, die noch weiten Interpretationsspielraum für den jeweiligen Anwender lassen. Hill und Westbrook zeigten in ihrer Studie „SWOT Analysis - It's Time for a Product Recall!“ aus dem Jahre 1997, dass von 50 befragten Unternehmen immerhin 20 die SWOT-Analyse als Instrument einsetzen, allerdings von vierzehn verschiedenen Beratungsfirmen (vgl. Hill & Westbrook, zitiert nach Mintzberg et al., 2007, S. 54). An dieser Stelle wird deutlich, dass der Standardisierung und Operationalisierung strategischer Entscheidungen offenbar enge Grenzen gesetzt sind.

Festlegung der (Produkt- & Markt-)Strategie

Die meisten der bisher vorgestellten Instrumente sind nur dazu geeignet, einzelne Branchen separat zu analysieren, d. h. als in sich geschlossenes Analyseinstrument ohne weitere Ergänzungen nur zur strategischen Analyse eines Einbranchenunternehmens respektive eines strategischen Geschäftsfeldes eines Mehrbranchenunternehmens (z. B. eines diversifizierten Konzerns). Demgegenüber berücksichtigen die nachfolgend vorgestellten *Portfolioanalysen* explizit die Kombination *(Portfolio)* verschiedener strategischer Geschäftsfelder eines (Groß-)Unternehmens.

Als strategisches Geschäftsfeld wird dabei ein Bereich des Unternehmens bezeichnet, in dem eigenständige strategische Entscheidungen getroffen werden und das weitgehend unabhängig auf dem jeweiligen Markt operieren kann. Die Aufteilung erfolgt dabei meist analog zu den Branchen, in denen das Unternehmen mit seinen Produkten am Markt ist. Strategische Geschäftseinheiten stellen also Produkt-Markt-Kombinationen dar, die eigenständiger und spezifischer strategischer Programme bedürfen (vgl. Macharzina & Wolf, 2005, S. 347).

Entsprechend ist eine Portfolioanalyse nur sinnvoll in solchen Unternehmen, in denen es ein Portfolio unterschiedlicher Geschäftsfelder, d. h. eine klare Geschäftsfeldsegmentierung gibt. Nachfolgend sollen mit Produkt-Markt-Portfolios die klassischen Ansätze der Portfolioplanung im Mittelpunkt stehen, wenngleich neuere Portfolioansätze die Methodik auch auf andere betriebswirtschaftliche Bereiche ausgeweitet haben, wie z. B. Technologie-, Ökologie- oder Personalportfolios.

Grundsätzlich dienen Portfoliokonzepte dazu, der Unternehmensführung trotz der gedanklichen Aufspaltung des Unternehmens eine geschäftsfeldübergreifende, aus der Gesamtsicht heraus entwickelte Ausrichtung des Unternehmens zu ermöglichen (vgl. Hungenberg, 2006, S. 453).

Gemeinsam sind allen Portfolioinstrumenten die Grundzüge des methodischen Vorgehens. Dabei werden die strategischen Geschäftsfelder auf einer zweidimensionalen Matrix nach einer definierten unternehmensinternen Dimension (X-

Achse) und einer ebenfalls definierten unternehmensexternen Dimension (Y-Achse) eingeordnet, z. B. nach ihrem relativen Marktanteil und Marktwachstum im Falle des Marktanteils- und Marktwachstumsportfolios. „Jede einzelne Geschäftseinheit hat deshalb eine zum Analysezeitpunkt für sie spezifische Positionierung, die im Wesentlichen die Strategiewahl bestimmt“ (Macharzina & Wolf, 2005, S. 348). Damit ist eine weitere Gemeinsamkeit der Portfolioinstrumente benannt, die gleichsam automatische Ableitung von Normstrategien. Auf der Analyse baut über die spezifischen Charakteristika der einzelnen Felder innerhalb des Portfolios indirekt die Strategieformulierung auf. *„Alle strategischen Geschäftseinheiten, die in einem wertmäßig abgegrenzten Bereich des Portfolios positioniert sind, werden tendenziell nach der gleichen Normstrategie behandelt,* was sich insbesondere auf die Ressourcenallokation auswirkt“ (Macharzina & Wolf, 2005, S. 349, Hervorhebung im Original). Neben der Position innerhalb des Portfolios stellt die Größe des Kreises, der jedem strategischen Geschäftsfeld als Platzhalter dient, einen wesentlichen Informationswert dar. Welchen Wert die Größe der Kreisfläche eines strategischen Geschäftsfeldes innerhalb eines Portfolios repräsentiert, kann von Portfolio zu Portfolio variieren und z. B. für den Umsatz des jeweiligen Geschäftsfeldes stehen.

Grundsätzlich spiegelt ein Portfolio den Ist-Zustand (Produkt- & Markt-Position) der strategischen Geschäftsfelder eines Unternehmens wider, in der Praxis wird diesem üblicherweise ein Soll-Portfolio gegenübergestellt, das die vom Top-Management angestrebte Positionierung der Geschäftseinheiten zum Ausdruck bringt.

Nachfolgend werden zwei der bekanntesten Portfoliokonzepte vorgestellt, das Marktanteils- und Marktwachstumsportfolio in der ursprünglichen Vier-Felder-Variante sowie das Marktattraktivitäts-Wettbewerbsvorteils-Portfolio. Beide Ansätze stehen stellvertretend für eine Vielzahl von Portfoliomethoden unterschiedlicher Fokussierung, denn „obwohl sie zu den klassischen Konzepten der frühen strategischen Planung gezählt werden können, sind sie in der Unternehmenspraxis nach wie vor fester Bestandteil der Strategieplanung auf Unternehmensgesamtebene und in konzeptioneller Hinsicht Ausgangspunkt einer Reihe von Weiterentwicklungen“ (Welge & Al-Laham, 2003, S. 352).

Zunächst jedoch folgt die Vorstellung von Produktlebenszyklus, Erfahrungskurve und PIMS-Programm, die teilweise oder insgesamt die empirische Grundlage eines großen Teils der absatzmarktorientierten Portfolios und der aus ihnen abgeleiteten strategischen Gesetze darstellen (siehe Tabelle 7).

Tabelle 7:
Überblick über absatzmarktorientierte Portfolio-Konzepte (vgl. Welge & Al-Laham, 2003, S. 345)

Portfolio-modell	**Basis-dimensionen**	**Datenerhebung**	**Theoretische und empirische Fundierung**	**Konzeptionelle Entwicklung**	**Strategische Empfehlungen**	**Spezifische Vorteile**	**Spezifische Nachteile**
BCG-Matrix (Marktanteils-/ Marktwachstumsportfolio)	Marktanteil, Marktwachstum	einfache Ermittlung kardinal skalierter Werte	Produktlebenszyklus; Kostenerfahrungskurve; PIMS	2-Faktoren-Konzept	3 Normstrategien; undifferenziert	objektiv nachvollziehbare SGF-Positionierung (interpersonelle Vergleichbarkeit)	zu hohe Standardisierung, da nur zwei Erfolgsfaktoren berücksichtigt werden; personenspezifische Relativierungen sind nicht möglich
McKinsey-Matrix (Marktattraktivitäts-Wettbewerbsvorteils-Portfolio	Marktattraktivität, Geschäftsfeldstärke	einfache bis schwierige Ermittlung sehr vieler nominal, kardinal oder ordinal skalierter Daten	PIMS	Multifaktoren-Konzept	3 Normstrategien; undifferenziert	Einbeziehung vieler Einflussfaktoren; durch die Gewichtung wird eine hohe situationsspezifische Reagibilität möglich	die subjektive Einschätzung führt zu einer interpersonell nicht mehr vergleichbaren SGF-Positionierung
Branchenattraktivitäts-Unternehmenspositions-Matrix	Branchenattraktivität, Unternehmensposition	schwierige Ermittlung ordinal skalierter Daten		zwei aus jeweils zwei extrahierten Faktorenkonzepten	3 Normstrategien; undifferenziert		für die ausgewählten vier Teildimensionen spricht keine theoretische oder empirische Fundierung und die Bewertung erfolgt subjektiv

Arthur D. Little-Konzept	Markt-stadien, Wettbe-werbs-position	einfache bis schwierige Ermittlung sehr vieler nominal, ordinal oder kardinal skalierter Daten	Produkt-lebenszyklus; PIMS	Multi-faktoren-Konzept	erheblich differenzierte Norm-strategien	Einbeziehung vieler Einfluss-faktoren; durch die Gewichtung wird eine hohe situations-spezifische Reagibilität möglich	die subjektive Einschätzung führt zu einer interpersonell nicht mehr vergleichbaren SGF-Positionierung; damit ist auch dem erheblich differenzierten Normstrategie-spektrum Vorsicht entgegenzubrin-gen
Lorange-Portfolio	Markt-attrak-tivität, Ge-schäfts-feld-stärke, Konso-lidie-rungs-attrak-tivität	einfache bis schwierige Ermittlung sehr vieler nominal, kardinal oder ordinal skalierter Daten	PIMS	Multi-faktoren-Konzept	3 Norm-strategien; undifferen-ziert	Einbeziehung zusätzlicher Einflussfaktoren wie z. B. Synergie	die subjektive Einschätzung führt zu einer interpersonell nicht mehr vergleichbaren SGF-Positionierung

Produktlebenszyklus-Modell

Das Modell des Produktlebenszyklus beschreibt das empirische Phänomen, dass die meisten Produkte eine beschränkte Lebensdauer aufweisen und ihre Absatzchancen analog zu diesem Produkt- oder auch Marktlebenszyklus einer typischen Entwicklung unterworfen sind (vgl. Macharzina & Wolf, 2005, S. 351). Im Hinblick auf die Portfoliomethoden ist insbesondere der Marktzyklus entscheidend, wobei Entstehungs- sowie Auslaufzyklus vernachlässigt werden können. Der Lebenszyklus (Marktzyklus) eines Produkts wird dabei in vier Phasen unterteilt: in Einführungs- und Wachstumsphase sowie Reife- und Degenerationsphase (vgl. Bea & Haas, 2005, S. 127). Die Bedeutung des Modells für absatzmarktorientierte Portfolios liegt darin begründet, dass die Phasen des Marktzyklus unterschiedlicher absatzmarktpolitischer Maßnahmen bedürfen und diese marktlebenszyklusspezifischen Maßnahmen von vielen absatzmarktorientierten Portfoliokonzepten gleichsam als strategische Gesetze in die durch die jeweiligen Portfolios entwickelten Normstrategie-Empfehlungen einfließen. Die Zeitdauer bis zum Ende eines Lebenszyklus, die Dauer jeder Phase sowie das Marktvolumen sind jedoch abhängig von Produkt und Markt. Entsprechend variieren die Verlaufskurven der Umsatzentwicklung, des Cash Flows, des Deckungsbeitrages, der Rentabilität und auch des jeweiligen Kapitalbedarfs von

Produkt zu Produkt (vgl. Macharzina & Wolf, 2005, S. 352; Simon & von der Gathen, 2002, S. 237). Da Phasenwechsel produktspezifisch und daher nur eingeschränkt ex ante prognostizierbar sind, fördert das Konzept die Einsicht in die Notwendigkeit, eine Sensibilität für die schwachen Signale *(weak signals)* des Phasenwechsels zu entwickeln (vgl. Bea & Haas, 2005, S. 132).

Erfahrungskurve

In den 1960er Jahren verhalf die Boston Consulting Group (BCG) dem Modell der Erfahrungskurve zum Durchbruch, indem sie ein Erfahrungskurvengesetz formulierte, basierend auf empirischen Erkenntnissen zum Zusammenhang zwischen ausgebrachter Produktmenge und Stückkosten (vgl. Hungenberg, 2006, S. 204). Die empirisch fundierte Grundthese lautet, dass eine Verdoppelung der kumulierten Ausbringungsmenge eines Produktes über alle Perioden die inflationsbereinigten Stückkosten - bezogen auf die eigene Wertschöpfung - um 20 % - 30 % senkt (vgl. Bea & Haas, 2005, S. 132). Erklären lässt sich dieser Sachverhalt durch Lerneffekte (individuell, kollektiv und organisational) sowie durch eine in der Regel im Zeitverlauf steigende Produktivität und zunehmende Produktstandardisierung.

Die Bedeutung für das strategische Management im Allgemeinen und die Portfolioinstrumente im Speziellen liegt im Nachweis der signifikant sinkenden Kosten bei steigender Ausbringungsmenge. Dieser Sachverhalt impliziert die Schlussfolgerung: „Wenn es einem Unternehmen gelingt, seine Ausbringungsmenge schneller zu steigern als die Konkurrenz, so wächst sein Kostenvorteil, weil es die Erfahrungskurve schneller 'herunterfährt'" (Hungenberg, 2006, S. 206). Mit dieser Implikation bildet das Konzept der Kosten- oder Erfahrungskurve die entscheidende Grundlage des Bestrebens vieler Unternehmen, möglichst große Marktanteile zu erlangen, denn im Sinne der Erfahrungskurve folgen aus einem größeren Marktanteil (ceteris paribus) eine größere Absatz- und entsprechende Produktionsmenge und somit mit steigendem Umsatz signifikant steigende Kostenvorteile und damit Wettbewerbsvorteile. Mintzberg (2007, S. 117f.) kritisiert in diesem Zusammenhang, dass Unternehmensgröße, Produktionsvolumen und Marktanteile zum reinen Selbstzweck werden können, auch und gerade im Hinblick auf die weite Verbreitung des Marktanteils- & Marktwachstumsportfolios. Dennoch ist der Versuch, die Erfahrungskurve zu beeinflussen und letztlich die Lerneffekte zu managen prinzipiell der richtige Ansatz, denn „... die Unterschiede, die in den Lernraten einzelner Unternehmen und Branchen zu beobachten sind, deuten vielmehr darauf hin, dass Lerneffekte keinem Automatismus, sondern einer Managementleistung entspringen" (Hungenberg, 2006, S. 209). Im Gegensatz zu der irreführenden Bezeichnung als Erfahrungskurvengesetz zeigt das Erfahrungskurvenkonzept also vielmehr ein

Potenzial zur Kostensenkung auf, das genutzt werden kann. Dies ist jedoch kein gesetzmäßiger oder zwangsläufiger Vorgang.

PIMS-Programm (Profit Impact of Market Strategies)

Das PIMS-Programm stellt den umfassendsten empirischen Ansatz zum strategischen Management dar und ist eine kombinierte Quer- und Längsschnittuntersuchung. Seit den 1970er Jahren verfolgt das ursprünglich für General Electric (GE) entwickelte Modell die Aufgabe, die Auswirkungen von Marktstrategien auf das Unternehmensergebnis *(Cash Flow, Return on Invest, RoI)* zu erforschen. In diesem Zusammenhang wurden auch andere Unternehmen neben GE in die Untersuchung mit einbezogen, so dass im Jahre 2003 mehr als 300 Unternehmen mit über 3.000 strategischen Geschäftsfeldern beteiligt waren (vgl. Thommen & Achleitner, 2003, S. 909). Nach den Ergebnissen des PIMS-Programms sind die fünf Haupteinflussgrößen auf den RoI die Marktattraktivität, die relative Wettbewerbsposition, Investitionen, Kosten sowie die Veränderung von Schlüsselfaktoren wie Marktanteils- oder Produktqualitätsänderung (vgl. Bea & Haas, 2005, S. 123). Im Hinblick auf absatzmarktorientierte Portfolios ist entscheidend, dass die Ergebnisse von PIMS eine Korrelation zwischen Marktanteil und Rendite bestätigen (vgl. Hungenberg, 2006, S. 208f.), woraus jedoch nicht auf Kausalitäten geschlossen werden kann.

Weitere wesentliche Kritikpunkte an PIMS betreffen das methodische Vorgehen (linear multipler Regressionsansatz), das sich nur sehr eingeschränkt dazu eignet, komplexe Wirkungsstrukturen oder interdependente Zusammenhänge abzubilden und wichtige, aber nicht quantifizierbare Erfolgsfaktoren (z. B. organisatorische Änderungen, Personalmaßnahmen, technologische Verbesserungen) unberücksichtigt lässt (vgl. Bea & Haas, 2005, S. 126f.). Die ausschließliche Berücksichtigung quantifizierbarer Faktoren führt dabei zu einer starken Vergangenheitsorientierung der Untersuchung, da ausschließlich aus Erfahrungen auf zukünftige Entwicklungen geschlossen wird. Zudem ist die Grundlage dieser Erfahrungen nicht repräsentativ für einen heterogenen Wirtschaftsraum, da in der Gruppe der teilnehmenden Unternehmen große Firmen und Konzerne aus etablierten Branchen überproportional vertreten sind. Weitere Kritik betrifft die Operationalisierung des Unternehmenserfolgs mittels der Indikatoren Cash Flow und RoI. Insbesondere der RoI als wesentlicher Indikator des PIMS-Konzepts stellt eine statische Kennziffer dar. So mindern Aufwendungen für Forschung und Entwicklung den RoI und tragen erst in späteren Zeiträumen ggf. zu dessen positiver Entwicklung bei.

Marktanteils- & Marktwachstumsportfolio

Das Marktanteils- & Marktwachstumsportfolio wurde von der Unternehmensberatung Boston Consulting Group (BCG) entwickelt und bereits Ende der 1960er Jahre eingeführt. Dabei handelt es sich um ein relativ einfaches Portfolio, das jedoch bedingt durch seine Verbreitung als das bekannteste Portfoliokonzept bezeichnet werden kann (vgl. Hungenberg, 2006, S. 455; Macharzina & Wolf, 2005, S. 351; ähnlich Pillkahn, 2008, S. 439). Die wesentlichen Erfolgsfaktoren für die strategischen Geschäftsfelder eines Unternehmens sind demnach das (durchschnittliche) Marktwachstum sowie der relative Marktanteil. Diese Schlüsselfaktoren ergeben miteinander kombiniert eine Vier-Felder-Matrix, wobei sich aus der Position der einzelnen Geschäftsbereiche innerhalb der Matrix unterschiedliche Normstrategien ableiten lassen. „Sehr verkürzt werden oft die folgenden Normstrategien genannt: Erfolgversprechende Question Marks werden ausgebebaut, Stars werden gefördert, Cash Cows werden abgeschöpft und Dogs stehen kurz vor ihrem Ende“ (Simon & von der Gathen, 2002, S. 41). Hinter den prägnanten Bezeichnungen für die vier Felder des Portfolios stehen die Empfehlungen für eine Investitionsstrategie (Question Marks), Wachstumsstrategie (Stars), Abschöpfungsstrategie (Cash Cows) sowie Desinvestitionsstrategie (Poor Dogs). Vor dem Hintergrund des Konzeptes der Produktlebenszyklen wie auch der Kosten- oder Erfahrungskurve bei der Produktion ist zu berücksichtigen, dass auch Geschäftsfelder insgesamt einen Evolutionsprozess durchlaufen, der in Abbildung 16 idealtypisch gezeigt ist.

Das ehemals neue und dank starken Marktwachstums sowie zusätzlicher Investitionen sehr erfolgreiche Geschäftsfeld wird von einem „Fragezeichen“ zunächst zum „Star“, und wenn der Markt gesättigt ist zur „Milchkuh“, bis es schließlich dem Feld der „Armen Hunde“ zuzuordnen ist und Desinvestitionen in diesem Geschäftsfeld sinnvoll erscheinen. In diesem Zusammenhang ist entscheidend, dass die Zukunft strategischer Geschäftsfelder mit Produkten in Märkten mit überdurchschnittlichem Marktwachstum aber relativ sehr niedrigem Marktanteil im wörtlichen Sinne in Frage gestellt ist. Bricht bspw. das Wachstum des entsprechenden Marktes ein, so werden aus den „Fragezeichen“ unmittelbar „Arme Hunde“ mit geringem durchschnittlichen Marktwachstum und geringem Marktanteil, von denen sich das Unternehmen mittelfristig trennen sollte. Aus dieser Darstellung geht hervor, dass die beschriebene Marktanteils-Marktwachstums-Matrix nur für strategische Geschäftsfelder in wachsenden Märkten verwendet werden kann, da stagnierende oder gar schrumpfende Märkte auf der Skala keine Berücksichtigung finden. Ein Nachteil, den die BCG in den 1970er Jahren mit der Erweiterung der Matrix um zwei weitere Felder *(Under-Dogs, Buckets)* beseitigte, wobei das Grundprinzip jedoch beibehalten wurde.

Abbildung 16:
Theoretische Grundlagen der Marktanteils-/Marktwachstumsmatrix (eigene Darstellung in Anlehnung an Hungenberg, 2006, S. 457 und Simon & von der Gathen, 2002, S. 39f.)

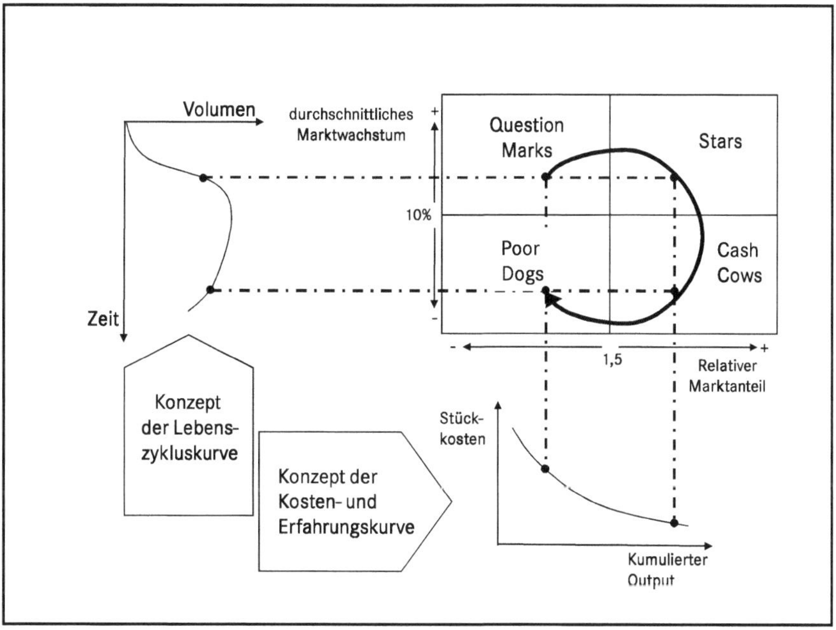

Die übersichtliche und einfache Darstellung des Marktanteils- /Marktwachstumsportfolios ermöglicht für diversifizierte Unternehmen mit mehreren strategischen Geschäftsfeldern einen Analysemaßstab, aus dem sich zugleich Normstrategien ableiten lassen. Zudem schafft das Instrument durch die anschauliche Darstellung gleichsam automatisch ein Bewusstsein für die Wichtigkeit eines ausgewogenen Portfolios im Sinne eines ausgewogenen Verhältnisses zwischen jungen, risikoreichen Geschäftsfeldern und reiferen, risikoärmeren Geschäftsfeldern. Dabei überzeugen „... in der täglichen Praxis ... vor allem die relativ leichte Operationalisierbarkeit und der hohe Kommunikationswert, da Portfolios einen komplexen Zusammenhang anschaulich visualisieren“ (vgl. Simon & von der Gathen, 2002, S. 44) und „der wesentliche Nutzen des BCG-Portfolios dürfte in seiner klaren Grundstruktur sowie seiner Plausibilität liegen“ (Macharzina & Wolf, 2005, S. 359).

Als wesentliche Erfolgsfaktoren, die nicht zuletzt die weite Verbreitung dieses Ansatzes begünstigt haben dürften, wird in der Literatur also auf Faktoren wie *leichte Anwendbarkeit* und *gute Kommunikationsfähigkeit* bei gleichzeitiger Plausibilität der Ergebnisse verwiesen, mithin Faktoren, die den Anwendern die Vermittlung der eigenen (Arbeits-)Leistung und Legitimation ihres Tuns ermöglicht, jedoch wenig über die Exaktheit der Ergebnisse aussagt. Diese Exaktheit dürfte einerseits durch die Einschränkungen der Schlussfolgerungen aus den empirischen Grundlagen der Lebenszykluskurve und Erfahrungskurve begrenzt sein; andererseits ist im Vorfeld zu definieren, was unter relativem Marktanteil wie auch Marktwachstum zu verstehen ist. Beziehen sich diese Größen auf Absatz (Mengeneinheiten) oder Umsatz (Wert)? Des Weiteren ist zu erörtern, ob die Größen an einem Stichtag gemessen werden oder sich auf einen Beobachtungszeitraum beziehen und nicht zuletzt, ob die Trennungslinien zwischen hohem und niedrigem Marktwachstum (meist 10 %) und hohem und niedrigem relativen Marktanteil (Faktor 1,5) in der spezifischen Situation sinnvoll sind (vgl. Simon & von der Gathen, 2002, S. 43f.).

Entsprechend den oben gezeigten Erfolgsfaktoren dieses Instruments wird in der Literatur vielfach kritisiert, dass die starke Komplexitätsreduktion in Kombination mit den problembehafteten theoretischen Fundamenten ein reduktionistisches und simplifiziertes Abbild der Wirklichkeit des Gesamtunternehmens schafft (vgl. z. B. Mintzberg et al., 2007, S. 116; Macharzina & Wolf, 2005, S. 362; Simon & von der Gathen, 2002, S. 44).

Marktattraktivitäts-Wettbewerbsvorteils-Portfolio

Das von General Electric in Zusammenarbeit mit McKinsey entwickelte Marktattraktivitäts-Wettbewerbsvorteils-Portfolio basiert im Wesentlichen auf Erkenntnissen aus dem PIMS-Programm und dem Modell des Produktlebenszyklus. Dabei unterscheidet es sich von dem zuvor vorgestellten Marktanteils- und Marktwachstumsportfolio durch eine stärkere Berücksichtigung der Komplexität der Realität. Es kann damit als Versuch angesehen werden, den mit dem Marktanteils- & Marktwachstumsportfolio verbundenen Mängeln durch eine wesentliche Erweiterung der strategierelevanten Einflussfaktoren sowie durch eine Ausweitung des Detaillierungsgrades dieser von zwei auf drei Ausprägungen zu begegnen (vgl. Macharzina & Wolf, 2005, S. 362). Dies wird ermöglicht durch die empirische Auswertung des PIMS-Programms, aus der sich 37 Erfolgsfaktoren ermitteln ließen, deren Einfluss etwa 80 % der Differenz der Kapitalrentabilität (RoI) der am Projekt beteiligten Unternehmen bestimmt (siehe Tabelle 8).

Tabelle 8:
Haupteinflussgrößen des RoI (vgl. Macharzina & Wolf, 2005, S. 363)

1. Marktattraktivität	langfristiges Marktwachstum
	kurzfristiges Marktwachstum
	Exportanteil
	Konzentrationsgrad auf der Anbieterseite
	Konzentrationsgrad auf der Abnehmerseite
2. Relative Wettbewerbsposition	Marktanteil
	relativer Marktanteil
	relatives Gehaltsniveau
	relative Produktqualität
3. Investitionsattraktivität	Investitions- und Kapitalintensität
	Wertschöpfung/Umsatz (vertikale Integration)
	Umsatz/Beschäftigte (Produktivität)
	Kapazitätsausnutzung
4. Kostenattraktivität	Marketingaufwand/Umsatz
	Forschungs- und Entwicklungsaufwand/Umsatz
	Rate von Neuprodukteinführungen
5. Allgemeine Unternehmensmerkmale	Unternehmensgröße
	Diversifikationsgrad
Veränderung der Faktoren 1-5	Marktanteilsänderung
	vertikale Integrationsänderung
	relative Preisänderung
	Produktqualitätsänderung

Im Hinblick auf die Dimension Marktattraktivität stellt das Marktwachstum wiederum ein wichtiges wenngleich nicht hinreichendes Kriterium dar. Neben diesem sind auch die Marktgröße sowie drei weitere Dimensionen, die aus der Kategorisierung jeweils mehrerer Einflussfaktoren gebildet werden, zu berücksichtigen. Neben Marktwachstum und -größe bestimmen demnach auch die Marktqualität, die Energie- und Rohstoffversorgung sowie die Umweltsituation die Marktattraktivität. Mit der Marktqualität wird dabei insbesondere die Ergebnisrentabilität einer Branche berücksichtigt (vgl. Simon & von der Gathen, 2002, S. 45), die Umweltsituation bezeichnet die Makroumwelt, insbesondere volkswirtschaftliche, politische und gesellschaftliche Rahmenbedingungen (siehe auch Tabelle 9).

Tabelle 9:
Dimensionen der Marktattraktivität (vgl. Macharzina & Wolf, 2005, S. 365)

1. Marktwachstum und Marktgröße	
2. Marktqualität	Rentabilität der Branche (Deckungsbeitrag, Umsatzrendite, Kapitalumschlag)
	Stellung im Marktlebenszyklus
	Spielraum in Preispolitik
	technologisches Niveau und Innovationspotenzial
	Schutzfähigkeit des technischen Know-how
	Investitionsfähigkeit
	Wettbewerbsintensität und -struktur
	Anzahl und Struktur potenzieller Abnehmer
	Verhaltensstabilität der Abnehmer
	Eintrittsbarrieren für neue Anbieter
	Anforderungen an Distribution und Service
	Variabilität der Wettbewerbsbedingungen
	Substitutionsniveau

3. Energie- und Rohstoffversorgung	Störungsanfälligkeit in der Versorgung von Energie und Rohstoffen
	Beeinträchtigung der Wirtschaftlichkeit der Produktionsprozesse durch Erhöhung der Energie- und Rohstoffpreise
	Existenz von alternativen Rohstoffen und Energieträgern
3. Umweltsituation	Konjunkturabhängigkeit
	Inflationsauswirkungen
	Abhängigkeit von der Gesetzgebung
	Abhängigkeit von der öffentlichen Einstellung
	Risiko staatlicher Eingriffe

Die zweite Dimension der vorliegenden Portfolios, die der (relativen) Wettbewerbsvorteile ergibt sich wiederum aus der Berücksichtigung mehrerer Variablen, die sich zu vier Dimensionen kategorisieren lassen. Die relativen Wettbewerbsvorteile werden bestimmt durch die relative Marktposition, das relative Produktionspotenzial, das relative Forschungs- und Entwicklungspotenzial sowie die relative Qualifikation der Mitarbeiter (siehe auch Tabelle 10).

Tabelle 10:
Dimensionen der relativen Wettbewerbsvorteile (vgl. Hungenberg, 2005, S. 364)

Relative Marktposition	Marktanteil und dessen Entwicklung
	Größe und Finanzkraft des Unternehmens
	Wachstumsrate des Unternehmens
	Rentabilität (Deckungsbeitrag, Umsatzrendite, Kapitalumschlag)
	Risiko (Grad der Etabliertheit im Markt)
	Marketingpotenzial (Image des Unternehmens und daraus resultierende Abnehmerbeziehungen, Preisvorteile aufgrund von Qualität, Lieferzeiten, Service; Technik, Sortimentsbreite)

Relatives Produktionspotenzial	Prozesswirtschaftlichkeit
	Hardware
	Energie- und Rohstoffversorgung
Relatives Forschungs- und Entwicklungspotenzial	Stand der Grundlagenforschung und der angewandten Forschung, experimentellen und anwendungstechnischen Entwicklung im Vergleich zur Marktposition des Unternehmens
	Innovationspotenzial und Innovationskontinuität
Relative Qualifikation der Führungskräfte und Mitarbeiter	Professionalität und Urteilsfähigkeit, Einsatz und Kultur der Belegschaft
	Innovationsklima
	Qualität der Führungssysteme
	Gewinnkapazität des Unternehmens, Synergien

Im Gegensatz zu dem bereits vorgestellten Marktanteils- & Marktwachstumsportfolio handelt es sich hierbei um ein Multifaktorenkonzept. Die oben beschriebenen Bestimmungsgrößen der beiden Achsendimensionen Marktattraktivität und relative Wettbewerbsvorteile werden aus einer Gruppierung der durch die PIMS-Studie bestätigten RoI-Einflussfaktoren nach unternehmensinternen und unternehmensexternen Faktoren abgeleitet (vgl. Macharzina & Wolf, 2005, S. 364f.). Wie bereits beschrieben liegt der wesentliche Nutzen bei Portfoliokonzepten in der Ableitung von Normstrategien. Deren Ableitung erfolgt bei der vorliegenden Neun-Felder-Matrix nach drei Kategorien. Kategorie 1 sind Investitions- und Wachstumsstrategien, Kategorie 2 sogenannte selektive Strategien und Kategorie 3 bilden die Abschöpfungs- und Desinvestitionsstrategien (Abbildung 17).

Selektive Strategien können in diesem Zusammenhang je nach Kombination von Marktattraktivität und relativer Wettbewerbsfähigkeit und unter Berücksichtigung der Produktlebenszyklen eine Offensivstrategie (in der Einführungsphase), eine Defensivstrategie (in der Reifephase) oder eine - nicht näher definierte und situativ zu bestimmende - Übergangsstrategie bedeuten (vgl. Macharzina & Wolf, 2005, S. 367). Auffällig ist die Ähnlichkeit der Normstrategien mit denen des Marktanteils- & Marktwachstumsportfolios. Diese Ähnlichkeit der Normstrategien beider Portfolios zeigt jedoch, dass eine Erweiterung der Matrix nicht zwangsläufig zu präziseren strategischen Empfehlungen führen muss (vgl. Simon & von der Gathen, 2002, S. 47).

Abbildung 17:
Grundschema des Marktattraktivitäts-Wettbewerbsvorteils-Portfolio (Welge & Al-Laham, 2003, S. 351)

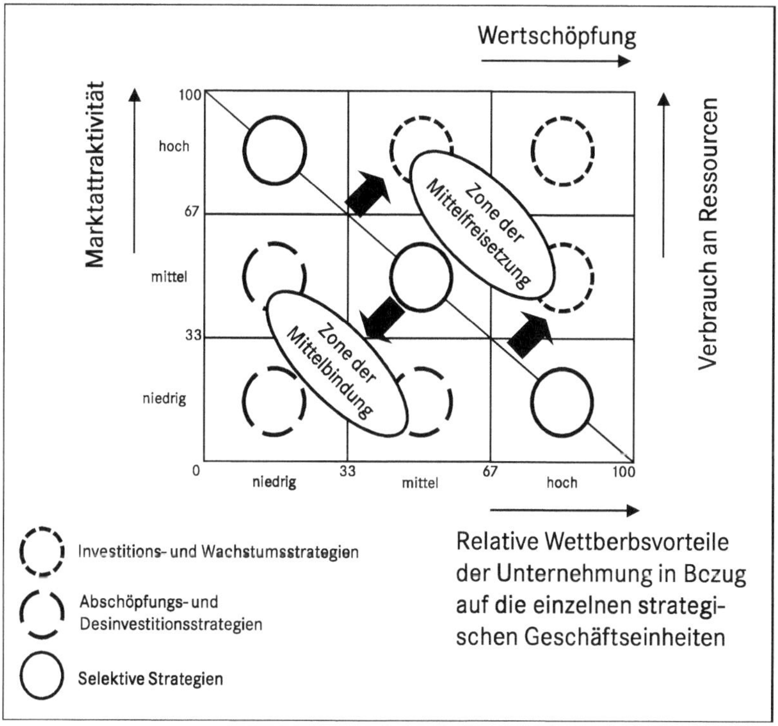

Ein spezifischer Kritikpunkt des hier vorgestellten Portfolios steht im engen Zusammenhang mit der grundsätzlichen Stärke als Multifaktorenkonzept. „Zur Ermittlung der numerischen Ausprägung einer strategischen Geschäftseinheit, bezogen auf ihr Erfolgspotential, werden die einzelnen Indikatoren in Punktwerte transformiert und nach einer entsprechenden Gewichtung durch Addition zu einem Gesamtwert zusammengefasst“ (Welge & Al-Laham, 2003, S. 350). Die Begründung für diese vom Anwender vorzunehmende Gewichtung ist die Tatsache, dass „... nicht alle Teildimensionen gleichbedeutend für die Einordnung einer strategischen Geschäftseinheit sind ...“ (Welge & Al-Laham, 2003, S. 352). Dies bedeutet allerdings eine subjektive Auswahl, Gewichtung und Bewertung der berücksichtigten Einflussfaktoren, d. h. die entscheidungsrelevanten Einflussfaktoren weichen nicht nur situativ und von Geschäftsfeld zu Geschäftsfeld ab, sondern sind in der Praxis de facto anwenderspezifisch veränderbar. Dies stellt die Objektivität und Vergleichbarkeit der Einordung einzelner strategischer Geschäftseinheiten in das Portfolio und entsprechende Normstrategien in Frage. Das Dilemma, alle entscheidungsrelevanten Kriterien erfassen zu müssen und zugleich die Handhabbarkeit wie auch die Nachvollziehbarkeit des Instruments zu gewährleisten führt in der Praxis dazu, dass die Auswahl der Kriterien meist rein heuristisch auf der Basis von Plausibilitätsüberlegungen erfolgt (vgl. Simon & von der Gathen, 2002, S. 47f.).

Bewertung von Strategiealternativen

Maßstab für die Bewertung von Strategiealternativen sind die Ziele, die ein Unternehmen verfolgt (vgl. Hungenberg, 2006, S. 265). Um unterschiedliche Strategiealternativen gegeneinander abwägen zu können, gibt es unterschiedliche Bewertungsverfahren, wobei die Bewertung meist unter finanziellen und damit quantitativen Gesichtspunkten erfolgt. Spätestens bei der Bewertung von Strategiealternativen müssen im Hinblick auf die Implementierung dieser Strategien jedoch auch qualitative Kriterien wie *Plausibilität, Konsistenz (Fit)* und die *grundsätzliche Machbarkeit* dieser Strategien im Rahmen der gegebenen Organisation berücksichtigt werden. Während das Kriterium der Machbarkeit auf die Ressourcen und Fähigkeiten der Organisation abzielt, greifen die Kriterien der Plausibilität und der Konsistenz die Unsicherheitsfaktoren *Zukunft* und *Unternehmensumfeld* auf. Denn ob eine Strategie den Erfolg ermöglichen kann, den sie verspricht, hängt in hohem Maße davon ab, ob die getroffenen Annahmen über die naturgemäß unsichere Zukunft korrekt sind. Des Weiteren muss die gewählte Strategie in sich konsistent sein, d. h. mit den Anforderungen der Unternehmensumwelt harmonieren sowie nicht zuletzt mit den anderen Gegenständen des strategischen Managements und den normativen Anforderungen des Unternehmens in Einklang zu bringen sein (vgl. Hungenberg, 2006, S. 267).

Zur quantitativen Bewertung der Strategiealternativen stehen unterschiedlich fokussierte Bewertungsverfahren zur Verfügung, wie z. B. die *Discounted-Cashflow-Methode (DCF), Economic Value Added (EVA)* oder die *Kosten-Nutzen-Analyse (Cost Benefit Analysis),* auf die an dieser Stelle nicht weiter eingegangen werden soll. Grundsätzlich problematisch ist in diesem Zusammenhang jedoch, dass finanzielle Größen in der Regel stark aggregiert sind und dass der einem Aufwand gegenüberstehende Nutzen zumeist quantitativer und qualitativer Natur ist (vgl. Macharzina & Wolf, 2005, S. 843).

5.7 Zusammenfassung

Der Terminus des strategischen Managements steht für einen vieldimensionalen Sammelbegriff unterschiedlicher, in ihren Grundannahmen zum Teil erheblich abweichender theoretischer Ansätze im Zusammenhang mit Strategiearbeit in Organisationen. In jedem Fall impliziert *strategisches Management* eine umfassendere Perspektive als *strategische Planung*. Des Weiteren wurde deutlich gemacht, dass sich in der theoretischen Diskussion in den letzten Jahren zunehmend auch systemtheoretische und evolutionäre Perspektiven entwickelt haben, die sich jedoch nicht in den etablierten Strategieinstrumenten widerspiegeln. Demgegenüber steht der Großteil der Instrumente des strategischen Managements in der Tradition rational-entscheidungsorientierter respektive ökonomischer Perspektiven. Dabei spielt insbesondere das instrumentell-methodische Vermächtnis der in den 1970er Jahren etablierten strategischen Planung eine entscheidende Rolle, was vor dem Hintergrund der Grundannahme der von Mintzberg et al. (2007) als Planungsschule bezeichneten Ansätze des strategischen Managements nicht überrascht.

> Diese Theorietradition (die Planungsschule), die auf die Praxis einen immensen Einfluss gewonnen hat, pflegt ein wesentliches Paradigma, nämlich die Überzeugung, die hohe Komplexität im Verhältnis von Unternehmen und ihren relevanten Umwelten lasse sich durch die Präzision der eingesetzten Denkinstrumente (Tools) weitgehend in den Griff bekommen. (Nagel & Wimmer, 2008, S. 47)

Mit Hilfe von Portfoliokonzepten wie bspw. dem Marktanteils- & Marktwachstumsportfolio oder dem Marktattraktivitäts- & Wettbewerbsvorteilsportfolio lassen sich abhängig von den definierten Kennzahlen sowie der als relevant erachteten Einflussfaktoren Normstrategien ableiten, gleichsam einer 'logischen' Strategie, die bei der Ausarbeitung der Produkt- & Markt-Strategie zu priorisieren sind. Auch die populäre SWOT-Analyse geht auf eine rational-entscheidungsorientierte Perspektive zurück. Sie steht in der Tradition der Designschule, die nach wie vor die einflussreichste Denkschule auf dem Gebiet der Strategieentwicklung darstellt und aus der einige der am tiefsten verwurzelten Annahmen des strategischen Managements stammen (vgl. Mintzberg et al., 2007, S. 38).

Diese Annahmen bauen wesentlich auf der Strategie-Struktur-Hypothese Chandlers auf, dem *Structure-follows-Strategy*-Postulat, wonach die (Unternehmens- & Organisations-) Struktur der Strategie folgen soll. Diese Grundannahme ist insbesondere dann problematisch, wenn eine hinreichend stabile Umwelt nicht gegeben ist. „Die Struktur mag zwar bis zu einem gewissen Grad formbar sein, aber sie kann nicht willkürlich geändert werden, nur weil sich ein Unternehmensleiter eine neue Strategie ausgedacht hat“ (Mintzberg et al., 2007, S. 50). Baumann (2005, S. 189f.) verweist in diesem Zusammenhang auf empirische Befunde, wonach die Strategie und Struktur de facto interdependent sind.

Neben den oben genannten Strategieinstrumenten, die auf rational-entscheidungsorientierte Perspektiven des strategischen Managements zurückzuführen sind, entwickelten sich verstärkt seit den 1980er Jahren ökonomische Perspektiven und fanden ihren Niederschlag im Instrumentensatz des strategischen Managements (Modell der Wertschöpfungskette; Branchenstruktur- und Wettbewerbsanalyse).

Der praktische Niederschlag in Form von konkreten Strategieinstrumenten, die auf eine ökonomische Perspektive des strategischen Managements zurückgehen, wurde dabei wesentlich von Porter geprägt. Porter ermöglichte mit der Aufbereitung und Anwendung des *Structure-Conduct-Performance*-Paradigmas auf Fragen der strategischen Führung eine Renaissance der ökonomischen Theorie im strategischen Management. Grundannahme dieser Strategieinstrumente ist, dass die 'Industrie' im Sinne von Branchenumfeld (Markt- und Wettbewerbsstruktur), in dem ein Unternehmen Geschäfte macht, *die* strategisch relevante Kategorie darstellt, die es zu beachten gilt. Rall und König verweisen in diesem Zusammenhang auf das Phänomen der Redefinition von Industrien, das dafür sorgt, dass diese Annahmen in dieser Form nicht länger gültig sind und 'Industrie' bzw. Branche für viele Geschäfte *keine* strategisch relevante Kategorie mehr sein wird (vgl. Rall & König, 2005, S. 22f.). „Das Phänomen der Redefinition von Industrien bedeutet ..., dass „Industrie" eben kein relativ stabiler Bezugsrahmen für Unternehmen ist, dass ein Bezugsrahmen nicht mehr als exogen gegeben angenommen werden kann, sondern, dass er vom Unternehmen gestaltet werden kann" (Rall & König, 2005, S. 23).

Unabhängig von der bedingten Gültigkeit theoretischer Prämissen rational-entscheidungsorientierter wie auch ökonomischer Ansätze, die sich in den Grundannahmen der aus ihnen hervorgegangenen Strategieinstrumente widerspiegeln, stellen die *klassischen* Ansätze des strategischen Managements dar, die weite Teile der theoretischen Diskussion geprägt haben und insbesondere im Zusammenhang mit den damit verbundenen Strategieinstrumenten das strategische Management in der betriebswirtschaftlichen Praxis ausmachen. Systemtheoretischen oder evolutionären Perspektiven des strategischen Managements mangelt es demgegenüber bereits an verfügbaren Instrumenten und Methoden, so dass der systemtheoretisch originäre Anspruch der Erklärung spezifischer Beziehungen im Unternehmen meist unerfüllt bleibt und Ursache-Wirkungszusammenhänge selten näher bestimmt werden.

Gerade hinsichtlich der Zukunftsorientierung der klassischen Ansätze des strategischen Managements konstatiert Neuhaus (2006) jedoch ein geschlossenes Zukunftskonzept. „Festgehalten werden kann, dass die klassische Theorie in ihrem Zukunftskonzept davon ausgeht, dass die Zukunft in sämtlichen relevanten Einzelheiten vollständig und zuverlässig voraus gewusst werden kann" (Neuhaus, 2006, S. 69). Erst ein Vorherwissen der zukünftigen Umweltentwicklung ermöglicht klassisch-rationales Entscheiden, das die funktionale Voraussetzung einer Organisation im klassischen Sinne darstellt. Mit dieser These verweist Neuhaus indirekt auf zwei Sachverhalte. Zum einen sind in der klassischen Theorie des strategischen Managements, die rational-entscheidungsorientierte wie weite Teile der ökonomischen Ansätze einschließt, neuere Erkenntnisse der ökonomischen Theorie wie bspw. begrenzte Rationalität aufgrund unvollständiger Informationen unterbelichtet. Zum anderen spiegelt sich in den Instrumenten des strategischen Managements der großzügige Einsatz von Prognosen wider, die die notwendige quantitative Informationsbasis dort schaffen sollen, wo das Problem unvollständiger Informationen besonders evident ist, wie etwa bei Entscheidungen, die die Zukunft betreffen.

Hierbei besteht die Gefahr, dass die Möglichkeiten einer Prognose, nämlich die bedingte Abschätzung einer Entwicklung (Trend) bei guter Datenlage und in einem begrenzten Zeithorizont, überschätzt und die Grenzen der Prognostik nicht ausreichend reflektiert werden. Zudem besteht im betriebswirtschaftlichen Kontext weitgehend die Notwendigkeit, quantitative Informationen zu nutzen und entsprechend eine Erwartung quantitativer Informationen, um diese in betriebswirtschaftlichen Prozessen weiter verarbeiten zu können.

> Um effiziente Produktionsprozesse sicher zu stellen, werden privatwirtschaftliche Unternehmen mit Kennzahlensystemen ausgestattet, die eine laufende Messung von Produktivität und Wertschöpfung unterstützen und es somit Managern der Unternehmen ermöglichen, die Abläufe und Personen so zu optimieren ..., dass jederzeit ein maximaler Output zustande kommt. (Baumann, 2005, S. 191)

Eine derartige Messbarkeit wird auch bei strategischen Prozessen und Abwägungen erwartet und die Prognose kann durch eine mehr oder weniger verlässliche Quantifizierung (scheinbare) Gewissheit schaffen und sogar in die Zukunft projizierte (Kenn-)Zahlen liefern, die in betriebswirtschaftlichen Prozessen benötigt werden. Entscheidend ist, dass die Prognostik dabei die Prognose der zukünftigen Umwelt- und Umfeldentwicklung mit einschließt. Neuhaus (2006, S. 45) spricht sogar davon, „... dass der Umweltprognostik im Rahmen der angewandten klassischen Theorie überragende Bedeutung zukommt“. Ähnlich argumentieren van der Heijden (2005, S. 23ff.) oder Mintzberg (2007, S. 84). Daraus ergibt sich das Problem, dass kaum ein Strategieinstrument dabei helfen kann, strukturelle Veränderungen oder Trendbrüche zu erkennen. Eher im Gegenteil, unterstützen prognostische Annahmen doch die Vorstellung, über ausreichende und gesicherte Informationen zu verfügen und Überraschungen weitgehend ausschließen zu können.

6 Die Experteninterviews

Ein wesentliches Grundproblem bei der Eruierung der praktischen Umsetzung von Strategic Foresight im Rahmen des strategischen Managements liegt in der strategischen Relevanz der zu betrachtenden Aktivitäten begründet. Das heißt, die strategische Relevanz vieler Informationen und entsprechende Vertraulichkeit ist diesem Themenkomplex inhärent. In diesem Zusammenhang ist anzunehmen, dass im Hinblick auf die Fragestellung interessante aber der Geheimhaltung unterliegende Informationen nicht weitergegeben werden durften und sich vor diesem Hintergrund die in einigen Bereichen vagen Aussagen der Experten erklären lassen. Zudem ist ein *Informant Bias* in einzelnen Unternehmen nicht auszuschließen, da in den meisten Fällen nur jeweils ein Experte aus dem Unternehmen befragt wurde.

Des Weiteren geht mit den mittels qualitativer Methoden erhobenen Daten das Problem eingeschränkter Repräsentativität einher. Dies bezieht sich zum einen vor allem auf den Umfang der Stichprobe (sechs Experten in fünf Unternehmen). Zum anderen handelt es sich bei der Auswahl der befragten Unternehmen nicht um eine Zufallsauswahl unter allen mittelständischen Unternehmen, sondern um eine Auswahl der von einem Strategic Foresight-Experten identifizierten potenziell interessanten Gesprächspartner in mittelständischen Unternehmen.

Dies steht jedoch in keinem Widerspruch zu einem qualitativen Forschungsverständnis, bei dem der Ziehung einer repräsentativen Stichprobe - anders als in der quantitativen Forschung - eine untergeordnete Rolle zukommt.

> Repräsentativität ... erscheint in der qualitativen Sozialforschung bzw. in den ihr zugehörigen theoretischen Ansätzen nicht so bedeutsam, richtet sich doch bei ihnen das Interesse weniger auf die zahlenmäßige Verteilung bestimmter Merkmale als auf die Erkenntnis wesentlicher und typischer Zusammenhänge, die sich an wenigen Fällen aufzeigen lassen, unabhängig wie häufig diese Merkmalskombination vorkommt. (Lamnek, 2005, S. 183)

6.1 Vorgehensweise bei der Erhebung der Daten

Die grundlegende Voraussetzung für die Auswahl potenzieller Ansprechpartner in Unternehmen war, dass die Unternehmen einen - wie auch immer ausgeprägten - Foresight-Ansatz, d. h. zumindest einzelne Methoden des Strategic Foresight im Kontext strategischer Entscheidungen einsetzten. Dies implizierte nicht notwendigerweise, dass diese Methoden fester Bestandteil des strategischen Planungsprozesses oder sonstiger Entscheidungsprozesse im Unternehmen sein mussten. Als strategische Entscheidungen wurden sowohl solche Entscheidungen verstanden, die die Ausrichtung des Unternehmens als Ganzes betrafen als auch Investitionsentscheidungen in einzelnen Geschäftsfeldern oder hinsichtlich Produktinnovationen. Entsprechend waren für die Befragung Unternehmensvertreter aus den Bereichen *Strategieentwicklung*, *Unternehmensentwicklung* oder dem *Innovationsmanagement* von besonderem Interesse.

Der Großteil der bei der ersten Kontaktaufnahme angeschriebenen wie auch der befragten Personen nahm an den regelmäßigen Gesprächen des Gesprächskreises „Corporate Future" beim Verband Deutscher Maschinen- und Anlagenbau (VDMA) teil oder vertrat ein Unternehmen, das bei der Studie „Corporate Foresight im Mittelstand" (Jannek & Burmeister, 2008) zu den Foresight-Best-Practices zählt. Die erste Kontaktaufnahme wurde unterstützt durch einen (nicht befragten) Experten aus einem der Foresight-Best-Practice Unternehmen im Mittelstand (vgl. Jannek & Burmeister, 2008). Dabei wurden neben einem einleitenden Anschreiben ein Exposé des Vorhabens sowie die fünf Themenkomplexe, die das Leitfadeninterview behandeln sollten, von dieser Kontaktperson via E-Mail an die Adressaten verschickt.

Die Befragung erfolgte anhand eines pre-getesteten Interviewleitfadens. Ausnahmen ergaben sich teilweise aus der jeweiligen Gesprächssituation heraus, bspw. wenn der Gesprächspartner von selbst auf Themenfelder verwies, die entsprechend dem Leitfaden erst im weiteren Gesprächsverlauf angesprochen worden wären. Die Expertengespräche dauerten in der Regel zwischen 45-60 Minuten und wurden mit einem digitalen Diktiergerät aufgezeichnet. Die digitale Aufzeichnungsmethode vereinfachte die Transkription erheblich, da die Dateien direkt in einem Format vorlagen, das die Verschriftlichung mittels Computer und entsprechender Transkriptionssoftware einfacher gestaltete. Alle befragten Experten stimmten der Aufzeichnung des Interviews zu.

Durchgeführt wurde das Interview an den Standorten der jeweiligen Konzernzentralen im direkten Kontakt mit den zu befragenden Personen, zumeist in neutralen Konferenzräumen, mitunter aber auch in den Büros der befragten Experten. Gegenüber einer telefonischen Befragung war somit die problemlose Aufzeichnung der Expertengespräche mittels eines Diktiergerätes gewährleistet. Andererseits ermöglichte der direkte Kontakt zu den zu befragenden Personen ein kurzes Kennenlernen und kam somit einer vertraulichen Atmosphäre zugute, die bei der Durchführung qualitativer Interviews unerlässlich ist. Der explorative Charakter dieser Befragungsform trug dem Umstand Rechnung, dass weder der Themenkomplex des *Strategic Foresight* noch der des *strategischen Managements* eine klar umrissene Form aufwies.

Diese Vorgehensweise gewährleistete zum einen eine Fokussierung und direkte Ansprache relevanter Experten aus Unternehmen, in denen der Themenkomplex *Strategic Foresight* im Kontext des strategischen Managements diskutiert oder bereits implementiert wurde. Zum anderen war anzunehmen, dass dadurch das für die Interviewsituation wichtige grundlegende Vertrauen in die Seriosität des Anliegens begünstigt wurde. Entsprechend hoch war die Rücklaufquote bereits auf die erste Kontaktaufnahme. Von elf angeschriebenen Personen in neun Unternehmen beteiligten sich sechs Experten aus fünf Unternehmen an der Befragung.

6.2 Die befragten Personen und die beteiligten Unternehmen

Die befragten Experten waren in ihren jeweiligen Unternehmen im Bereich der Unternehmensentwicklung, des Business Development oder des Innovationsmanagements tätig. Das heißt, es wurden auch Personen befragt, die sich selbst nicht als Experten auf dem Gebiet Strategic Foresight oder als Promotoren eines solchen Ansatzes sahen, sondern die aus der Perspektive der Praktiker Strategic Foresight als einen Ansatz im Kontext strategischer Entscheidungen kritisch beurteilten.

Im Einzelnen nahmen u. a. Experten aus den Unternehmen Freudenberg Dichtungs- und Schwingungstechnik GmbH und Co. KG, KSB AG, Sick AG sowie aus der Voith AG teil; daneben aus einem weiteren Unternehmen aus dem Bereich der Automatisierungstechnik. Drei der fünf an der Befragung teilnehmenden Unternehmen wurden von Simon (2007) als sogenannte *Hidden Champions* identifiziert, d. h. diese mittelständischen Unternehmen waren trotz ihres in der Öffentlichkeit geringen Bekanntheitsgrades in mindestens einem ihrer Marktsegmente Nummer 1, 2 oder 3 auf dem Weltmarkt respektive Marktführer in Europa. Ein weiteres der befragten Unternehmen entsprach dieser Definition mit dem Geschäftsjahr 2007 ebenfalls und war zudem Foresight-Best-Practice in der Studie „Corporate Foresight im Mittelstand“ (Jannek & Burmeister, 2008).

Zwei der an der Untersuchung teilnehmenden Unternehmen kamen aus dem Maschinenbau, zwei weitere waren durch den Einsatz ihrer Produkte in den Bereichen Produktions- und Automatisierungstechnik stark mit dieser Branche verknüpft und standen bei der Produktentwicklung in engem Kontakt mit ihren Kunden aus dem Maschinenbau. Der Jahresumsatz der an der Befragung teilnehmenden Unternehmen lag zwischen 700 Mio. € und 5,3 Mrd. € im abgelaufenen Geschäftsjahr; die Mitarbeiterzahlen lagen bei über 4.700 beim kleinsten und über 37.000 beim größten Unternehmen. Das heißt die berücksichtigten Unternehmen gehörten zu den konzernähnlichen, diversifizierten mittelständischen Unternehmen, unter deren Dach mehrere strategische Geschäftsfelder existierten.

Kennzeichnend für die Unternehmen war die zum Teil starke Prägung durch Eigentümerfamilien, einige bezeichneten sich in ihrer Internetpräsenz explizit als „Familienunternehmen“. Zudem waren alle an der Untersuchung teilnehmenden

Unternehmen - trotz zum Teil sehr hoher Wachstumsraten in den letzten zehn Jahren - über Jahrzehnte gewachsen und in ihren Märkten erfolgreich. Das jüngste Unternehmen bestand seit 62 Jahren, das älteste seit 159 Jahren. Drei der Unternehmen wurden bereits im 19. Jahrhundert gegründet.

6.3 Ergebnisse

Nachfolgend wollen wir die Fragestellungen, die Leitfragen an die Experten und die Ergebnisse darstellen.

Erste Fragestellung:

Kann Strategic Foresight das strategische Management sinnvoll ergänzen?

Sollen strategische Entscheidungen in der Gegenwart die Grundlage zukünftigen Erfolges sein und den langfristigen Bestand des Unternehmens sichern, so bedarf es Informationen über die Zukunft. Diese Informationen beruhen zum Teil auf vergangenheitsbasierten Daten und liefern für einen kurz- und mittelfristigen Zeithorizont in vielen Fällen zufriedenstellende Prognosen. Im Falle eines für strategische Entscheidungen typischen, langfristigen Zeithorizonts werden jedoch die Grenzen der Prognose deutlich. Gleiches gilt im Falle nicht-quantifizierbarer Informationen. Können demographische Entwicklungen auch noch über sehr lange Prognosezeiträume vorausberechnet werden, bedingt durch Informationen über Geburtenzahlen und Sterbeziffern, Fertilitätsquoten und Migration, so ist dies bei anderen Entwicklungen, die die Unternehmen weit unmittelbarer betreffen, nicht möglich.

Die Wahrscheinlichkeit unvorhersehbarer Ereignisse, z. B. von Trendbrüchen, ist umso größer, je länger der Prognosezeitraum (Zeithorizont) ist und je komplexer und interdependenter die zu berücksichtigenden Einflussfaktoren sind. Langfristig kann die allgemeine Stabilitätshypothese als Grundlage jeder Prognose nicht als gegeben betrachtet werden, da Grundstrukturen der Vergangenheit immer nur begrenzt in die Zukunft hinein wirken. An diesem Punkt setzt Foresight im Allgemeinen und Strategic Foresight im Speziellen an, um die Grundlage unternehmerischer, konkret strategischer Entscheidungen (siehe Kapitel 5) zu verbreitern. Gerade im Hinblick auf Ansätze des strategischen Managements, die nicht nur als Weiterentwicklung der strategischen Planung zu sehen sind, sondern darüber hinausgehen und neben ökonomischen und technologischen auch soziale und politische Umfeldvariablen berücksichtigen, liegt eine Integration von Strategic Foresight und strategischem Management nahe. Wie bereits gezeigt, liegen mehrere theoretische Arbeiten vor, die sich mit integrativen Ansätzen beschäftigen oder diese fordern. Ebenso verhält es sich mit empirischen Studien zu diesem Thema, die die thematische Nähe und das Potenzial der Integration von Strategic Foresight und strategischem Management belegen.

Fragen an die Experten:

- Strategic Foresight hat angeblich das Potenzial, das strategische Management sinnvoll zu ergänzen. In welcher Phase des Strategieprozesses (Analyse, Planung, Umsetzung) könnte Strategic Foresight ansetzen? Soll Strategic Foresight bei den Strategieprozessen, den Strategieinstrumenten oder Normstrategieempfehlungen ansetzen?
- Worin besteht die grundsätzliche Motivation von Foresight-Aktivitäten in Ihrem Unternehmen? Wo liegt der Mehrwert des Strategic Foresight?
- Wo sollte der Ansatzpunkt für Strategic Foresight im strategischen Management im Idealfall sein?

Dass Strategic Foresight das strategische Management sinnvoll ergänzen kann, wird von der deutlichen Mehrheit der Befragten geteilt. Nur ein Experte gibt an, mit einem solchen Ansatz noch zu wenig Erfahrungen gesammelt zu haben, um abschließend urteilen zu können. Strategisches Foresight soll insbesondere dabei helfen, Trends und andere (Markt-)Entwicklungen zu erkennen, die zukünftig für das Unternehmen relevant sein werden. Im Speziellen geht es vor allem um die Identifikation neuer Geschäftsfelder, Sicherung zukünftiger Geschäftsfelder als Chancen für das Unternehmen in der Zukunft sowie um eine Absicherung gegen Risiken, die aus zukünftigen Entwicklungen resultieren können. In zweiter Linie geht es darum, aus den antizipierten Marktentwicklungen und zukünftigen Marktanforderungen schrittweise Produkteigenschaften oder neue Produkte ableiten zu können. Mit Ausnahme eines Experten geben alle befragten Experten an, strategisches Foresight habe in der Vergangenheit strategische Entscheidungen nachhaltig beeinflusst.

Der Umfang der Strategic Foresight-Aktivitäten in den befragten mittelständischen Unternehmen unterscheidet sich stark. Mitarbeiter, die sich Vollzeit mit dem Themenkomplex *Strategic Foresight* beschäftigen, sind bei den befragten Unternehmen - wenn überhaupt - ausschließlich im Innovationsmanagement oder mit sehr technischem Fokus in Forschung und Entwicklung zu finden. Wenngleich aus dieser Position heraus strategische Entscheidungen beeinflusst werden können und dies in der Vergangenheit auch in allen an der Untersuchung teilnehmenden Unternehmen geschehen ist, so ist die Ressourcenausstattung im Hinblick auf Strategic Foresight in den meisten Fällen sehr begrenzt und höchst abhängig von der aktuellen Unterstützung des Top-Managements.

Ein Faktor, der von allen Experten genannt wird, ist in diesem Zusammenhang die Unternehmensgröße. Selbst große mittelständische Unternehmen, wie die an der Untersuchung teilnehmenden, sind nur sehr bedingt vergleichbar mit Großkonzernen, deren finanzielle Ressourcen wie auch personelle Kapazitäten die eines mittelständischen Unternehmens bei weitem überschreiten. Ein weit wichtigerer Faktor stellt jedoch der Branchenhintergrund der Unternehmen dar. Alle befragten Experten kommen aus Unternehmen, die entweder selbst im Maschinenbau tätig sind oder sehr eng mit der Branche Maschinenbau als Lieferanten verbunden sind. Typisch für diese Branche sind Business-to-Business-Geschäftsbeziehungen, die sich zumeist am Anfang oder in der Mitte der Wertschöpfungskette eines Produktes befinden. Die Konsumentenmärkte, auf denen sich Trends schneller und unmittelbarer in Produktanforderungen niederschlagen, sind für solche Unternehmen nur sehr indirekt von Relevanz, nämlich erst dann, wenn sich geänderte Konsumentenwünsche auf die Anforderungen ihrer eigenen Kunden auswirken. Dies macht die besondere Schwierigkeit der Etablierung von Strategic Foresight im Branchenkontext der an der Untersuchung teilnehmenden Unternehmen aus und erschwert auch die Integration in die Prozesse des strategischen Managements.

<u>*Zweite Fragestellung:*</u>

Ist Strategic Foresight in die Strategieprozesse durchgängig integriert?

Während einige Instrumente und Methoden, die dem klassischen Methodensatz des Strategic Foresight respektive der Zukunftsforschung entlehnt wurden, seit Jahrzehnten etablierte Bestandteile des strategischen Managements sind (z. B. Szenariotechnik), gibt es Methoden der Umfeldanalyse, die entweder unter ähnlichem Namen PEST(EL) & STEEP(L) oder sogar gleichem Namen (Environmental Scanning, Umfeldbeobachtung) sowohl methodischer Bestandteil des strategischen Managements sind als auch dem Methodensatz des Strategic Foresight zugeschrieben werden können. Ob und inwiefern diese und andere Foresight-Methoden auch fester Bestandteil von praktizierten Strategieprozessen sind, ist fraglich.

Ein fallweiser Einsatz solcher Methoden, der unter Umständen abhängig ist von der Präferenz einzelner Personen, kann selbstverständlich strategische Entscheidungen beeinflussen und alleine die kritische Auseinandersetzung mit den Grenzen der Prognose kann zu einer reflektierteren Sicht- und Herangehensweise der Beteiligten führen. Die organisationale Relevanz eines die klassische Perspektive ergänzenden Ansatzes wie Strategic Foresight muss allerdings an dessen struktureller und prozessualer Verankerung in der Organisation beurteilt werden. Hierbei geht es einerseits um Kompetenzen, Zuständigkeiten sowie Verbreitung und andererseits um die Durchgängigkeit im Sinne einer durchgängigen und integrierten Verwendung der gewonnenen Informationen. Anders ausgedrückt, nur Methoden, die durchgängig von allen beteiligten Akteuren akzeptiert und genutzt werden und deren Ergebnisse in der jeweils folgenden Prozessphase Verwendung finden, können als vollständig in den betreffenden Prozess integriert bezeichnet werden.

Fragen an die Experten:

- Denken Sie an Ihren Strategieprozess! Wie sind die Foresight-Aktivitäten in Ihrer Organisation (Abteilung, Gremien, Strukturen) verankert? Wer legt die Rahmenbedingungen und Spielregeln fest? Welchen Einfluss hat Corporate Foresight letztendlich im Strategieprozess?
- Welchen Einfluss hat strategisches Foresight Ihrer Meinung nach auf den strategischen Entscheidungsfindungsprozess?
- Wie breit ist Strategic Foresight in Ihrem Unternehmen angelegt?
- Wie sind die Foresight-Aktivitäten in Ihrem Unternehmen eingebettet (Kontext)?
- Wie ist Strategic Foresight in Ihrem Unternehmen organisational (strukturell) verankert?
- Wie sind die Foresight-Aktivitäten institutionell (hierarchiepolitisch) in Ihr Unternehmen eingebettet?

Nur ein Experte kann berichten, dass ein Strategic Foresight-Ansatz als durchgängiger Prozess konzipiert ist und innerhalb eines strategischen Geschäftsfeldes des Unternehmens bereits durchgehend angewendet werden kann. Selbst in diesem Fall stellt Strategic Foresight jedoch keinen integrativen, notwendigen Bestandteil eines strategischen Prozesses dar, sondern eine Option. Die befragten Experten bestätigen somit insgesamt, dass Strategic Foresight nicht durchgängig in die Strategieprozesse der untersuchten Unternehmen integriert ist. In den meisten Unternehmen wird Strategic Foresight noch nicht systematisch als durchgängiger Prozess konzipiert bzw. implementiert, was eine weitergehende Integration in den Strategieprozess grundsätzlich erschweren dürfte. Die Relevanz einer systematischen Integration von Strategic Foresight in den strategischen Entscheidungsfindungsprozess wird von den Experten ambivalent beurteilt.

Aus der Expertenbefragung zur Integration von Strategic Foresight und den Instrumenten des strategischen Managements bei mittelständischen Unternehmen geht hervor, dass in der unternehmerischen Praxis methodische Probleme und Inkompatibilitäten nur sekundäre Relevanz aufweisen. Demgegenüber stellt ein prinzipielles Akzeptanzproblem von Strategic Foresight die größte Herausforderung bei der Integration im Kontext des strategischen Managements dar. Dieses Akzeptanzproblem wird zum Teil auf der Ebene der gelebten Unternehmenskultur vermutet, zum Teil jedoch auch in der prinzipiell offenen, zum Teil auch abstrakten Vorgehensweise im Rahmen des Strategic Foresight.

Offenbar ist ein wesentlicher Vorteil des Strategic Foresight zugleich eines der größten Probleme eines solchen Ansatzes, berücksichtigt dieser doch explizit und insbesondere vielfältige potenzielle Einflussfaktoren im Unternehmensumfeld sowie deren mögliche Entwicklungen unter Berücksichtigung der Gefahr von Trendbrüchen und Diskontinuitäten. Eine derart umfassende Umfeldbetrachtung scheint erheblich aufwändiger als Umweltanalysen im Rahmen des strategischen Managements, die sich primär an *gegenwärtig* für das Unternehmen relevanten Einflussfaktoren orientieren und damit die Komplexität stärker reduzieren. Ein Experte äußert in diesem Zusammenhang den Eindruck, dass das strategische Management in der Praxis faktisch eine starke Binnenorientierung an Fragen der Produktionskapazitäten, der Finanzierung sowie der Ressourcenplanung aufweise. Strategic Foresight kann diesbezüglich einen Beitrag dazu leisten, strategisch relevante Fragestellungen, die das gegenwärtige wie auch das *zukünftige* Unternehmen betreffen können - grundlegende technologische Veränderungen, neue Wettbewerber, Trendbrüche - umfassender zu betrachten. Dies ist insbesondere bei der Identifikation zukünftiger Geschäftsfelder, der Erschließung neuer Märkte sowie bei Entwicklungen von Neu-Produkten relevant.

Eine *kulturelle* Barriere bezüglich der Integration von Strategic Foresight in die internen Prozesse der Unternehmen machen die Experten an branchenspezifischen Charakteristika fest. Branchentypische Gegebenheiten im Maschinenbau (Position in der Wertschöpfungskette, Business-to-Business-Geschäftsmodelle), wie auch Besonderheiten der Belegschaft, in der ein sehr technisch geprägtes Denken dominiert, führen nach Einschätzung der Experten in der Summe dazu, dass Strategic Foresight im Maschinenbau bisher nicht in dem Umfang verbreitet ist wie z. B. in der Konsumgüter- oder Unterhaltungselektronikindustrie. Der Umgang mit qualitativen Informationen, insbesondere auch als Entscheidungsgrundlage, entspricht demnach nicht der - nach Meinung der Mehrzahl der Experten vor allem in ihrer Branche verbreiteten - Erwartungshaltung, auf Basis konkreter quantitativer Informationen Lösungen zu erarbeiten. Andererseits verbinden vier von sechs befragten Experten gerade deswegen mit dem Einsatz von Strategic Foresight in ihrer Branche eine Vorreiterrolle innerhalb des Maschinenbaus.

Dritte Fragestellung:

Sind die Werkzeuge (Instrumente) der Zukunftsforschung im Kontext des strategischen Managements nur oberflächlich passfähig und sind die zugrundeliegenden mentalen Modelle divergent?

Es besteht die begründete Vermutung, das Hauptproblem hinsichtlich der Integration von Strategic Foresight und strategischem Management in der Passfähigkeit der Instrumente der Zukunftsforschung respektive Foresight zu suchen. Neuhaus (2006) hat gezeigt, dass der Einfluss der klassischen Theorie und Lehre des strategischen Managements, die bis in die 1980er Jahre vorherrschendes Paradigma war, noch immer anhält und in der Praxis weit verbreitet ist. „Für die praxisorientierte Managementliteratur sowie die meisten Konzepte strategischer Beratung gilt, dass sie bis in die Gegenwart zum weit überwiegenden Teil dem klassischen Modell folgten und buchstäblich den Geist Webers, Fayols und Taylors atmen" (Neuhaus, 2006, S. 25). Dies hat zur Folge, dass theoretische Erkenntnisse Themen betreffend, die sich in den Wirtschaftswissenschaften weitgehend unbestritten durchsetzen konnten, wie bspw. *begrenzte Rationalität (bounded rationality)* oder *unvollständige Informationen* aus dem Bereich der Neuen Institutionenökonomie, in weiten Teilen der Managementliteratur unberücksichtigt bleiben.

Hinsichtlich der Integration von Instrumenten aus dem Methodenspektrum des Strategic Foresight und dem Instrumentarium des strategischen Managements ergibt sich aus der Dominanz klassisch-rationaler Ansätze des strategischen Managements eine grundlegende Differenz bezüglich dessen, was die Vorstellung von *Zukunft* angeht. „Klassisch-rationales Entscheiden setzt voraus, dass die Zukunft sicher vorhergewusst wird" (Neuhaus, 2006, S. 44). Insofern ist im strategischen Management ein weitgehend transparentes Zukunftskonzept einer vorherwissbaren Zukunft noch stark verbreitet, implizit oder explizit. Der Faktor „Prognostizierbarkeit als Planungsvoraussetzung" spiegelt sich auch im Instrumentarium des strategischen Managements wider, denn mit der prinzipiellen Vorherwissbarkeit und damit Prognostizierbarkeit auch langfristiger Zeithorizonte wäre letztlich die Grundlage rationaler Entscheidungen sowie der zielgerichteten Plan- und Steuerbarkeit zukünftiger Handlungen in Frage gestellt. „Deutlich zeigt sich, dass das klassische Zukunftskonzept der Vorherwissbarkeit von den Vertretern wie den Kritikern der klassischen Theorie als eine, wenn nicht die konstitutive Grundlage klassisch konzipierten Entscheidens, Planens und Steuerns angesehen wird" (Neuhaus, 2006, S. 48).

Demgegenüber verneinen alle neueren Ansätze der Zukunftsforschung die Vorherwissbarkeit der Zukunft entschieden. „Die Zukunftsforschung liefert eine Fülle von Belegen für die mangelnde Bewährung der Hypothese von der Vorherwissbarkeit der Zukunft ... vereinzelte Prognose-Erfolge sind stets verbunden mit Fehlprognosen zu anderen Themen“ (Neuhaus, 2006, S. 96). Entsprechend muss auch Strategic Foresight und den mit einem solchen Ansatz verbundenen Instrumenten und Methoden ein nicht-klassisches Zukunftsbild zugrunde liegen. Dadurch lassen sich jedoch, im Gegensatz zu den meisten Instrumenten des strategischen Managements, keine direkten Handlungsempfehlungen, geschweige denn Normstrategien ableiten.

Unabhängig von den Vor- und Nachteilen beider Perspektiven muss das Augenmerk also nicht nur darauf gerichtet sein, ob Methoden wie z. B. Szenariotechniken oder Environmental Scanning eingesetzt werden, sondern wie dies geschieht. Hierbei liegt die Vermutung nahe, dass weder die konstitutive Grundlage klassisch konzipierten Entscheidens noch die Erwartungen der am Prozess beteiligten und an den Umgang mit Strategieinstrumenten klassisch-rationaler Prägung gewöhnten Akteure ignoriert werden können. Dies betrifft insbesondere auch das in der Literatur vernachlässigte, in der Praxis jedoch essentielle Problem der nicht vorhandenen Messbarkeit bei in die Zukunft gerichteten Entscheidungen, wie von Schwarz (2008) im Rahmen der Delphi-Studie gezeigt wurde.

Fragen an die Experten:

- Wie würden Sie den Foresight-Ansatz in Ihrem Unternehmen bezeichnen (explorativ/normativ - expertenbasiert/datenbasiert - elitär/partizipativ)? Wo liegen die Hauptprobleme bei der Integration von Foresight in die Strategiearbeit? Bei welchen Methoden ist in Ihrem Unternehmen die Integration gelungen?
- Wie würden Sie den in Ihrem Unternehmen praktizierten Foresight-Ansatz charakterisieren?
- Findet in Ihrem Unternehmen eine Integration von Strategic Foresight bzw. Methoden der Zukunftsforschung im Unternehmen und den Instrumenten des strategischen Managements statt?
- Wo liegen die Hauptprobleme bei der Integration von Strategic Foresight?

Der Methodensatz aus dem Bereich der Zukunftsforschung wird grundsätzlich unkritisch beurteilt. Allerdings werden in den an der Untersuchung teilnehmenden Unternehmen fast ausschließlich Szenariomethoden angewendet, die nicht nur dem Methodenspektrum der Zukunftsforschung, sondern auch dem des konventionellen strategischen Managements zugerechnet werden können. Environmental Scanning als Grundlagenarbeit wird nur von einem Experten explizit genannt. In diesem Zusammenhang ist anzunehmen, dass ähnliche Tätigkeiten im Rahmen der Umweltanalyse auch in den anderen Unternehmen stattfinden. Weitere Methoden werden von den Experten nicht genannt oder als im betriebswirtschaftlichen Kontext zu aufwändig bezeichnet (Delphi). Prinzipiell gehen die Experten davon aus, dass Methoden ohnehin für den Einsatz im Unternehmen angepasst werden müssen, d. h. passfähige und im Unternehmenskontext direkt anwendbare Instrumente werden gar nicht erwartet.

Wenngleich die befragten Experten das Thema Methoden im Hinblick auf die Integration von Strategic Foresight und strategischem Management weitgehend unkritisch sehen, so ist doch bemerkenswert, dass mehr als die Hälfte der Experten mit der Szenariotechnik nur eine einzige Methode nennen konnte, die im Unternehmen zumindest projektweise eingesetzt wird und dem Methodenspektrum des Strategic Foresight zugerechnet werden kann. Es ist zu vermuten, dass in einigen Unternehmen zudem Environmental Scanning durchgeführt wird, bspw. im Rahmen der strategischen Umfeldanalyse. Dieser Ansatz wird jedoch nur von einem Experten explizit als Methode erwähnt. Andere Instrumente und Methoden aus dem Bereich der Zukunftsforschung entfallen offenbar, da grundlegende Anforderungen im betriebswirtschaftlichen Kontext nicht erfüllt werden können oder der Aufwand zu groß ist (Delphi).

Wenngleich der Szenariobegriff in den letzten Jahren zunehmend zum „Kernkonzept der Zukunftsforschung“ (Steinmüller, 1997, S. 50) wurde, so ist doch erstaunlich, dass dies die einzige Methode aus dem Gebiet der Zukunftsforschung ist, die im Rahmen eines Strategic Foresight bei den an der Untersuchung teilnehmenden Unternehmen systematisch angewendet wird. Wesentliche Grundlagenarbeit bei der strategischen Beschäftigung mit der Zukunft und somit des Strategic Foresight wird in den befragten Unternehmen nicht zuletzt mittels konventioneller Marktforschung (extern eingekaufter Studien) sowie unternehmensinterner Expertengespräche geleistet.

Vierte Fragestellung:

Müssen Unternehmen aufgrund der nur oberflächlich gegebenen Passfähigkeit der Instrumente und Methoden der Zukunftsforschung selbst aktiv werden, um Strategic Foresight adäquat im Kontext des strategischen Managements einsetzen zu können? Muss eine Brücke zwischen den divergierenden mentalen Modellen der Praktiker und den Foresight-Vertretern geschlagen werden?

Grundsätzliche in der Literatur zur Zukunftsforschung respektive Foresight im Allgemeinen wie zu Strategic Foresight im Speziellen geforderte ganzheitliche Denkweisen *(mind-sets, mentale Modelle)* und systemische Perspektiven auf Problemstellungen können in der Unternehmenspraxis nicht als gegeben angesehen werden. Des Weiteren ist eine Etablierung dieser alleine durch Einsatz ergänzender Methoden aus dem Bereich Foresight unwahrscheinlich. Unsere Vermutung ist, dass Methoden des Strategic Foresight in der Unternehmenspraxis der inhärenten Logik der Anwendung findenden Strategieinstrumente angeglichen werden müssen, da eine methodische Brücke zu den etablierten Prozessen des strategischen Managements fehlt.

Fragen an die Experten:

- Welche Foresight-Methoden sind tatsächlich Bestandteil Ihres strategischen Managements bzw. Ihrer Strategieinstrumente geworden? Was waren die Erfolgsfaktoren? Mussten Sie die Methoden anpassen? Finden Sie, dass diese ausgereift sind oder gibt es Methoden, die Sie attraktiv finden, aber nicht passfähig machen können?
- Haben Sie das Gefühl, die Methoden, die Sie einsetzen, sind in sich ausgereift und im Kontext des strategischen Managements praxistauglich?
- Von welchen Foresight-Methoden können Sie sagen, dass sie tatsächlich etablierter Bestandteil des strategischen Managements geworden sind? Woran lag das Ihrer Meinung nach?
- Mussten Sie Methoden eigenständig adaptieren, um die Praxistauglichkeit zu verbessern?
- Welche Methoden finden Sie attraktiv, konnten Sie aber nicht adaptieren/ integrieren?

Die Experten bestätigen, dass Unternehmen aufgrund der nur oberflächlich gegebenen Passfähigkeit der Instrumente und Methoden der Zukunftsforschung selbst aktiv werden müssen, um Strategic Foresight adäquat im Kontext des strategischen Managements einsetzen zu können.

Hierbei muss jedoch zwischen den Praktikern, die Strategic Foresight im Unternehmen einsetzen respektive einsetzen wollen und jenen aus den operativen Bereichen, denen die Ergebnisse des Strategic Foresight zur Verfügung gestellt werden sollen, unterschieden werden. Zu ersteren gehören auch die Experten, die von uns befragt wurden. Diese sind sich bewusst, dass die Etablierung von Strategic Foresight notwendigerweise die methodische Anpassung an die Erfordernisse im Unternehmen mit sich bringt, insbesondere jedoch auch die Unterstützung durch das Top-Management erfordert. Daneben verweisen alle befragten Experten auf Akzeptanzprobleme im Kontext von Strategic Foresight respektive des Einsatzes einzelner Methoden. Teilweise wird dies als Frage der Unternehmenskultur gesehen, daneben aber auch auf mentale Modelle der Beteiligten zurückgeführt.

Die Gründe, die hierfür gesehen werden, beziehen sich hauptsächlich auf die unkonventionelle Herangehensweise mittels oft unbekannter Methoden und der Besonderheit, dass die gewonnenen Erkenntnisse zunächst nicht überprüfbar sind und erst mittel- bis langfristig relevant werden können. Zudem sind die Grundlagen der Foresight-Aktivitäten ebenso wie die eingesetzten Methoden oft qualitativer Natur, da sich viele Informationen, insbesondere das Unternehmensumfeld betreffende, selbst mit großem Aufwand nur schwer in quantitative Informationen überführen lassen.

In den Unternehmen fehle aber gerade die Bereitschaft, mit qualitativen Daten umzugehen und insbesondere auf einer solchen Basis auch Entscheidungen zu treffen. Bemerkenswerterweise wird dieses kulturelle Problem der mangelnden Akzeptanz der aus Foresight-Aktivitäten gewonnenen Informationen auch in Unternehmen diagnostiziert, die diese in einem transparenten Prozess mit großem personellen Aufwand mit quantitativen Informationen absichern und als Ergebnis konkrete Business-Pläne vorlegen können. Als ein Grundproblem sehen alle Experten jedoch die Schnittstelle zwischen Strategic Foresight und operativen Bereichen, die sich aus der prinzipiellen Schwierigkeit der Ableitung von konkreten Handlungsempfehlungen für die operativen Bereiche ergibt; diese ist jedoch – vor dem Hintergrund des grundsätzlichen Akzeptanzproblems – notwendig.

Gerade im Hinblick auf die operativen Bereiche werden von den Experten grundsätzlich divergierende Handlungslogiken identifiziert. Geht es bei strategischen Abwägungen und insbesondere bei Strategic Foresight um Entwicklungen, die in einem mittel- bis langfristigen Zeithorizont, oft zwischen 5 und 15 Jahren betrachtet werden, so dominiert in operativen Bereichen eine sehr fokussierte und oft kurzfristigere Sichtweise. Andererseits steht dem von fast allen Experten als positiv bewerteten Charakteristikum von Strategic Foresight, eine globale (Zukunfts-)Perspektive zu entwickeln, um einen in diesem Sinne holistischen Blick für mögliche Marktentwicklungen zu gewinnen, der sehr konkrete und oftmals rein produktorientierte Standpunkt anderer Unternehmensbereiche gegenüber.

Es hat sich gezeigt, dass ein durchgängig strukturierter Foresight-Prozess vom Environmental Scanning über Trendanalyse bis hin zur Ableitung konkreter Handlungsempfehlungen für die operativen Bereiche die Ausnahme darstellt. In einem der befragten Unternehmen war dies der Fall, wobei dieser Prozess jedoch im Innovationsmanagement entwickelt wurde und im Rahmen des strategischen Managements nur fallweise zum Einsatz kommt, bisher jedoch kein integrierter Bestandteil des strategischen Managements ist.

Eine Durchführung regelmäßiger Einzelprozesse (Szenariomethoden) respektive die Initiierung eines Foresight-Prozesses im Rahmen einzelner spezifisch definierter Projekte zur Zukunftsforschung ist jedoch auch in Großunternehmen durchaus üblich, wie Gruber und Venter (2006, S. 975f.). gezeigt haben.

Hervorzuheben ist, dass Strategic Foresight also in keinem der befragten mittelständischen Unternehmen bisher konsistent in den Prozess des strategischen Managements integriert wurde. Dennoch verweisen alle befragten Experten unabhängig von ihrer persönlichen Haltung gegenüber einem solchen Ansatz darauf, dass die in ihrem Unternehmen bisher verfolgten Foresight-Aktivitäten in der Vergangenheit bereits strategische Entscheidungen beeinflusst haben.

Der zumindest fallweise und projektspezifisch gegebenen Überzeugungskraft von Erkenntnissen aus dem Strategic Foresight steht also deren unsystematische Berücksichtigung im strategischen Entscheidungsfindungsprozess gegenüber.

Fünfte Fragestellung:

Konterkariert das offene Postulat einer nicht-wissbaren Zukunft die Akzeptanz von Strategic Foresight im Rahmen des strategischen Managements?

Hinter dieser Fragestellung steht die Annahme, dass das größte Problem für die weitere Verbreitung und Etablierung von Strategic Foresight in der Unmöglichkeit liegt, konkrete Handlungsempfehlungen im Hinblick auf die Zukunft abzuleiten und diese bis auf die operative Ebene von Geschäftseinheiten herunterzubrechen.

Die großen Divergenzen hinsichtlich des Zukunftsbildes auf theoretisch-wissenschaftlicher Ebene von Strategic Foresight und weiter Teile des strategischen Managements bleiben nicht ohne Auswirkungen auf die Anwendung von Instrumenten und Methoden in der Unternehmenspraxis. „Strategisches Entscheiden in klassischer Konzeption ist ... auf sehr konkrete, in sachlicher wie zeitlicher Hinsicht hochspezifische und verlässliche Zukunftsbilder angewiesen" (Neuhaus, 2006, S. 96f.). Zu solchen Zukunftsbildern kann jedoch gerade Strategic Foresight nicht beitragen, ein verbesserter strategischer „Vorausblick" im Sinne von Strategic Foresight bedeutet nicht, bessere Prognosen oder gar detailliertere Normstrategien anbieten zu können.

Die Möglichkeit der Prognostizierbarkeit zukünftiger Ereignisse in einem langfristigen Zeithorizont wird sogar negiert. Vielmehr geht es um die Etablierung eines Denkens in Alternativen und darum, zukunftsrobuste Strategien zu entwickeln und umzusetzen, die nicht auf eine Zukunft ausgerichtet sind. Dies kann die Handlungsfähigkeit beeinträchtigen.

Gerade im Vergleich zur Auswahl von Normstrategien auf Basis von Portfoliokonzepten ist die Annahme einer prinzipiell offenen, d. h. nicht vorherwissbaren Zukunft ungewöhnlich und erfordert methodisch einen höheren Aufwand, ohne dass sich daraus zwingendere Handlungsempfehlungen ableiten ließen. „Die klassischen Konzepte dienen der Fähigkeit zu handeln, während die nicht-klassischen Konzepte der Richtigkeit des Handelns dienen" (Neuhaus, 2006, S. 478).

Die Richtigkeit des Handelns im Sinne der Umsetzung strategischer Entscheidungen zeigt sich naturgemäß erst in der Zukunft, eine Einschränkung der Handlungsfähigkeit durch langwierige und oft qualitative Abwägungen wird jedoch unmittelbar im Prozess der Strategieentwicklung evident und provoziert Akzeptanzprobleme alternativer Methoden.

Fragen an die Experten:

- Welche weiteren Gemeinsamkeiten/Anknüpfungspunkte zwischen Zukunftsforschung und strategischem Management sehen Sie? Die Zukunftsforschung verneint, dass Zukunft wissbar sei. Verhindert dieser Glaubenssatz den Einsatz der Zukunftsforschung im strategischen Management? Durch Kontextbezug verweigert sich die Zukunftsforschung jeder Art von Normstrategien. Ist das ein Problem?
- Wo sehen Sie - grundsätzlich gesprochen - Gemeinsamkeiten, Anknüpfungspunkte von Strategic Foresight und den Instrumenten des strategischen Managements?
- Angenommen Sie hätten einen Wunsch frei: Welches Praxisproblem hinsichtlich der Integration von Strategic Foresight und strategischem Management hätten Sie am liebsten sofort gelöst?

Das Problem mangelnder Akzeptanz von Strategic Foresight stellt ohne Zweifel das Hauptproblem bei der Integration von Strategic Foresight und strategischem Management dar. Allerdings ist anzuzweifeln ob dieses Problem in der Praxis tatsächlich auf den von Neuhaus (2006) aufgezeigten Antagonismus von transparenten Zukunftskonzepten im Sinne einer vorherwissbaren Zukunft im Rahmen klassischer Ansätze des strategischen Managements und einem opaken Zukunftskonzept im Sinne einer nicht-wissbaren Zukunft, die neuere Ansätze der Zukunftsforschung prägt, zurückzuführen ist.

Dieser Gegensatz beruht vor allem auf theoretischen Überlegungen und der umfassenden Gegenüberstellung theoretischer Ansätze sowohl des strategischen Managements als auch der Zukunftsforschung. Dieser Gegensatz spiegelt sich zwar auch in den verfügbaren Instrumenten und Methoden beider Ansätze wider, im Hinblick auf die praktische Umsetzung im Unternehmen kommt die Schlüsselrolle jedoch der Handhabbarkeit bzw. der Umsetzbarkeit der Methoden im betrieblichen Kontext zu. Methodische Defizite werden zwar von drei Experten benannt, beziehen sich aber jeweils auf die praktische Anwendung, nicht auf grundsätzliche, theoretisch begründete Annahmen.

Es hat sich gezeigt, dass bei der Integration von Strategic Foresight und des strategischen Managements zwei notwendige Voraussetzungen gegeben sein müssen, um dem Hauptproblem der Integration, mangelnde Akzeptanz in anderen Funktionsbereichen des Unternehmens, begegnen zu können. Zum einen erfordert erfolgreiches Strategic Foresight, das mittelfristig fester Bestandteil des strategischen Managements werden soll, die unbedingte Unterstützung durch das Top-Management. Zum anderen muss es den Promotoren eines solchen Ansatzes in den jeweiligen Unternehmen gelingen, die im Rahmen eines Strategic Foresights gewonnenen Erkenntnisse in konkrete Handlungsempfehlungen für operative Bereiche zu überführen.

7 Resümee und Ausblick

Ob die Prämisse der modernen Zukunftsforschung - die Annahme einer prinzipiell offenen und gestaltbaren aber nicht vorherwissbaren Zukunft - die Ableitung konkreter Handlungsempfehlungen und damit die Durchsetzung von Strategic Foresight im strategischen Management erschwert, kann bejaht werden. Die Expertenbefragung bestätigt grundsätzlich die Problematik der Ableitung von konkreten Handlungsempfehlungen - in strategischer aber vor allem auch in operativer Hinsicht - auf Basis des Strategic Foresight als wesentliches Problem, das es bei den befragten Unternehmen zu lösen galt oder das noch zu lösen ist.

Dennoch hat die Befragung gezeigt, dass die bei der Integration von Strategic Foresight und strategischem Management auftretenden Probleme im Wesentlichen nicht methodisch begründet sind, wenngleich sich die von Neuhaus (2006) aufgezeigten Divergenzen zwischen klassischen Ansätzen des strategischen Managements und Strategic Foresight, insbesondere im Hinblick auf das Konstrukt einer faktisch 'vorherwissbaren' Zukunft als Grundlage rationaler Entscheidungsfindung, in den Instrumenten des strategischen Managements widerspiegeln. Prognosen und quasi-prognostische Annahmen über zukünftige (Umfeld- & Unternehmens-)Entwicklungen bilden die funktionale Grundlage zur Anwendung dieser Instrumente.

Die sich daraus ergebenden Divergenzen mit aktuellen Konzepten der Zukunftsforschung, die eine Prognostizierbarkeit der Zukunft ausschließen, werden von den befragten Experten jedoch nicht problematisiert. Der von Neuhaus (2006) aufgezeigte theoretische Dissens erscheint in diesem Sinne nicht praxisrelevant, zumindest wird er von den befragten Experten nicht als solcher wahrgenommen. Die befragten Experten gehen in der Regel davon aus, Methoden und Instrumente ohnehin an die spezifischen internen Prozesse des Unternehmens anpassen zu müssen. In diesem Zusammenhang ist jedoch festzustellen, dass in fünf von sechs befragten Unternehmen außer der Szenariotechnik keine Methoden aus dem originären methodischen Spektrum des Strategic Foresight eingesetzt werden. Demgegenüber nehmen konventionelle, zumeist extern eingekaufte Marktstudien sowie informelle Expertengespräche bei den befragten mittelständischen Unternehmen eine zentrale Rolle im Rahmen des Strategic Foresight ein.

Grundsätzlich lässt sich auf Basis der Befragung feststellen, dass Strategic Foresight noch nicht hinreichend institutionalisiert ist. Dies deckt sich allerdings mit den Ergebnissen einer anderen Forschungsarbeit, in deren Rahmen Corporate Foresight in Großunternehmen untersucht wurde (vgl. Davis, 2008, S. 243) und ist damit nicht mittelstandsspezifisch zu sehen.

Als Hauptproblem bei der Integration von Strategic Foresight im Kontext des strategischen Managements erweist sich ein grundlegendes Akzeptanzproblem. Die Mehrheit der befragten Experten vermutet dieses Akzeptanzproblem auf kultureller Ebene und dementsprechend nicht begrenzt auf das strategische Management, sondern das Unternehmen bzw. die Branche als Ganzes betreffend. Unternehmenskulturelle Barrieren können sich unter anderem in einer geringen Antizipationsfähigkeit im Sinne mangelnder Aufgeschlossenheit gegenüber unkonventionellen Ideen sowie einer Priorisierung des kurzfristigen Tagesgeschäfts zeigen (vgl. Davis, 2008, S. 171). Diese Faktoren wurden von mehr als der Hälfte der befragten Experten explizit benannt. Eine vergleichende Analyse zur Unternehmenskultur in sechs Foresight-Best-Practice Unternehmen - allerdings mit Fokus auf das Innovationsmanagement - findet sich bei Keller (2008). Weitere Forschung zu *Strategic Foresight und Unternehmenskultur* erscheint vor dem Hintergrund der Ergebnisse der Expertenbefragung sinnvoll.

Im Hinblick auf das Forschungsfeld *strategisches Management* bleibt zu klären, warum bei den Strategieinstrumenten solche dominieren, die aus dem wissenschaftlich-theoretischen Diskurs der 1970er und der 1980er Jahre hervorgegangen sind, während neuere ökonomische Perspektiven des strategischen Managements ebenso wie systemtheoretische und evolutionäre Perspektiven unterrepräsentiert sind. In diesem Zusammenhang ist zu fragen, ob dies tatsächlich daran liegt, dass sich aus ersteren „... klare und vor allem einfache Handlungsempfehlungen ableiten lassen“ (Hungenberg, 2006, S. 68). Daran knüpft eine weitere noch zu klärende Forschungsfrage an, nämlich die, in welchem Umfang im Unternehmen eingesetzte Instrumente und Methoden die in ihnen implizit oder explizit enthaltenen theoretischen Grundannahmen, Ideen und Denkhaltungen transportieren.

In jedem Fall muss festgestellt werden, dass Strategic Foresight im Hinblick auf das in den Unternehmen verwendete Methodenspektrum fast ebenso 'unsichtbar' ist wie neuere Ansätze des strategischen Managements.

Literatur

Alsan, A. (2008). Corporate foresight in emerging markets: Action research at a multinational company in Turkey. *Futures, 40,* 47-55.

Alsan, A. & Oner, A. O. (2003). An integrated view of foresight: Integrated foresight management model. *Foresight, 5* (2), 33-45.

Andriopoulus, C. & Gotsi, M. (2006). Probing the future: Mobilising foresight in the multiple product innovation firms. *Futures, 38,* 50-66.

Ansoff, H. I. (1975). Managing strategic surprise by response to weak signals. *California Management Review, XVII* (2), 21-33.

Ansoff, H. I. (1988). *Corporate strategy.* London: Penguin Books.

Baumann, K. (2005). *Organisation der Strategie. Konstruktionen und Dekonstruktionen.* Heidelberg: Carl-Auer-Systeme.

Bea, F. X. & Haas, J. (2005). *Strategisches Management.* Stuttgart: Lucius & Lucius.

Becker, P. (2002). *Corporate foresight in Europe: A first overview.* ftp://ftp.cordis.europa.eu/pub/foresight/docs/st_corporate_foresight_040109.pdf (Zugriff am 05.05. 2008).

Bell, W. (2002). A community of futurists and the state of the futures field. *Futures, 34,* 235-247.

Bester, H. (2004). *Theorie der Industrieökonomik.* Berlin und Heidelberg: Springer.

Chandler, A. D. Jr. (1990). *Strategy and structure. Chapters of the history of the American enterprise.* Cambridge and London: The MIT Press.

Costanzo, L. A. (2004). Strategic foresight in a high-speed environment. *Futures, 36,* 219-235.

Cuhls, K. (2008). Foresight in Germany. In S. Gerghiou, L. Harper, J. Keenan, M. Miles & R. Popper (Eds.), *The handbook of technology foresight: Concepts and practice* (pp. 131-169). Cheltenham & Northampton: Elgar Publ. Ltd.

Cuhls, K. & Möhrle, M. G. (2005). Unternehmensstrategische Auswertung der Delphi-Berichte. In M. G. Möhrle & R. Isenmann (Hrsg.), *Technologie-Roadmapping. Zukunftsstrategien für Technologieunternehmen* (S. 103-130). Berlin und Heidelberg: Springer.

Cuhls, K. (1998). *Technikvorausschau in Japan. Ein Rückblick auf 30 Jahre Delphi-Expertenbefragungen.* Heidelberg: Physica-Verlag.

Daheim, C. (2004). Corporate foresight: Practical experience and results from a German survey. *CESES Papers. Analysis, practice, methodology, theory, news,* 11, 2004, Special Number on The First Prague Workshop on Future Studies Methodology, 115-124.

Davis, A. (2008). *Barrieren bei der Implementierung von Corporate Foresight im Unternehmen und im Strategischen Management.* Unveröffentlichte Dissertation, Universität Karlsruhe (TH).

Deutsches Institut für Erwachsenenbildung, DIE (2008). *Trends der Weiterbildung. DIE-Trendanalyse 2008.* Bielefeld: Bertelsmann.

Flechtheim, O. K. (1980). *Futurologie - Der Kampf um die Zukunft.* Bonn und Berlin: Dietz.

Flechtheim, O. K. (1974). Zeit*geschichte und Zukunftspolitik.* Hamburg: Hoffmann und Campe.

Glenn, J. C. (2003). Introduction to the futures research methods series. In J. C. Glenn & T. J. Gordon (Eds.), *Futures research methodology - V2.0.* Washington: The American Council for The United Nations University. The Millenium Project.

Godet, M. (1994). *From anticipation to action. A handbook of strategic prospective.* Paris: UNESCO Publishing.

Gordon, T. J. & Glenn, J. C. (2003). 2. Environmental scanning. In J. C. Glenn & T. J. Gordon (Eds.), *Futures research methodology - V2.0.* Washington: The American Council for The United Nations University. The Millenium Project.

Götz, K. (2009). *Wettbewerb um Wissen* (Reihe: Grundlagen der Weiterbildung). Augsburg: Ziel-Verlag.

Graf, H. G. (2003). Was ist eigentlich Zukunftsforschung? *Sozialwissenschaften und Berufspraxis, 26* (4), 355-364.

Graf, H. G. & Klein, G. (2003). *In die Zukunft führen. Strategieentwicklung mit Szenarien.* Zürich und Chur: Rüegger.

Grünig, R. & Kühn, R. (2005). *Methodik der strategischen Planung. Ein prozessorientierter Ansatz für Strategieplanungsprojekte.* Bern, Stuttgart und Wien: Haupt.

Gruber, M. & Venter, C. (2006). „Die Kunst die Zukunft zu erfinden“ - Theoretische Erkenntnisse und empirische Befunde zum Einsatz des Corporate Foresight in deutschen Großunternehmen. *Zeitschrift für betriebswirtschaftliche Forschung, 58,* 958-984.

Hamel, G. & Prahalad, C. K. (1995). *Wettlauf um die Zukunft. Wie Sie mit bahnbrechenden Strategien die Kontrolle über Ihre Branche gewinnen und die Märkte von Morgen schaffen.* Wien: Ueberreuter.

Hamel, G. & Prahalad, C. K. (1994). *Competing for the future.* Boston, Mass.: Harvard Business School Press.

Heijden, K. van der (2005). *Scenarios. The art of strategic conversation.* Chichester: Wiley.

Hillmann, K.-H. (2007). *Wörterbuch der Soziologie.* Stuttgart: Alfred Kröner Verlag.

Hines, A. (2002). A practitioner's view of the future of futures studies. *Futures, 34,* 337-347.

Hungenberg, H. (2006). *Strategisches Management im Unternehmen. Ziele - Prozesse - Verfahren.* Wiesbaden: Gabler.

IBM Global CEO Study (2008). www.ibm.com/enterprise of the future (Zugriff am 16.06.2008).

Jannek, K. & Burmeister, K. (2008). *Corporate Foresight im Mittelstand. Schlussbericht.* Ein Projekt der Z_punkt GmbH, gefördert vom Bundesministerium für Bildung und Forschung im Rahmen der Innovations- und Technikanalyse.

Johnson, G., Scholes, K. & Whittington, R. (2005). *Exploring corporate strategy. Text and cases.* Harlow: Pearson Education Limited.

Jouvenel, B. de (1967). *Die Kunst der Vorausschau.* Neuwied und Berlin: Luchterhand.

Jungk, R. & Müllert, N. R. (1997). *Zukunftswerkstätten. Mit Phantasie gegen Routine und Resignation.* München: Heyne.

Kahn, H. (1982). *Die Zukunft Deutschlands.* Wien, München, Zürich: Verlag Fritz Molden.

Kahn, H. (1972). *Angriff auf die Zukunft.* Wien, München, Zürich: Verlag Fritz Molden.

Keller, K. C. (2008). *Corporate foresight and corporate culture in German firms - A study of six best practice companies.* Unveröffentlichte Masterthesis, University of Stellenbosch.

Kowal, S. & O'Connell, D. C. (2004). Zur Transkription von Gesprächen. In U. Flick, E. v. Kardoff & I. Steinke (Hrsg.), *Qualitative Forschung. Ein Handbuch.* Reinbek: Rowohlt Taschenbuch Verlag.

Kreibich, R., Schlaffer, A. & Trapp, Ch. (2002). *Zukunftsforschung in Unternehmen. Eine Studie zur Organisation von Zukunftswissen und Zukunftsgestaltung in deutschen Unternehmen.* Berlin: Sekretariat für Zukunftsforschung.

Kuhnt, B. & Müllert, N. R. (1996). *Moderationsfibel Zukunftswerkstätten. Verstehen. Anleiten. Einsetzen.* Münster: Ökotopia.

Lamnek, S. (2005). *Qualitative Sozialforschung.* Weinheim und Basel: Beltz.

Lamnek, S. (1995a). *Qualitative Sozialforschung Band I. Methodologie.* Weinheim: Beltz - PsychologieVerlagsUnion.

Lamnek, S. (1995b). *Qualitative Sozialforschung Band II. Methoden und Techniken.* Weinheim: Beltz - PsychologieVerlagsUnion.

Lindblom, Ch. E. (1959). The science of 'muddling through'. *Public Administration Review, 19,* 79-88.

Ludwig, J. & Zeuner, Chr. (2006). (Hrsg.). *Erwachsenenbildung 1990 - 2022. Entwicklungs- und Gestaltungsmöglichkeiten.* Weinheim und München: Juventa.

Macharzina, K. & Wolf, J. (2005). *Unternehmensführung. Das internationale Managementwissen. Konzepte - Methoden - Praxis.* Wiesbaden: Gabler.

Mayring, P. (2004). Qualitative Inhaltsanalyse. In U. Flick, E. v. Kardoff & I. Steinke (Hrsg.), *Qualitative Forschung. Ein Handbuch.* Reinbek: Rowohlt Taschenbuch Verlag.

Mayring, P. (1995). *Qualitative Inhaltsanalyse. Grundlagen und Techniken.* Weinheim: Deutscher Studien Verlag.

Meadows, D. (1972). *Die Grenzen des Wachstums. Der Bericht des Club of Rome zur Lage der Menschheit.* München: dva.

Meisel, K. & Schiersmann, Chr. (2006). (Hrsg). *Zukunftsfeld Weiterbildung. Standortbestimmungen für Forschung, Praxis und Politik.* Bielefeld: Bertelsmann.

Mintzberg, H. (1978). Patterns in strategy formation. *Management Science, 24,* 934-48.

Mintzberg, H. (1994). *The rise and fall of strategic planning.* New York: The Free Press.

Mintzberg, H., Ahlstrand, B. & Lampel, J. (2007). *Strategy Safari. Eine Reise durch die Wildnis des strategischen Managements.* Heidelberg: Redline Wirtschaft.

Montgomery, C. A. (2008). Die Rückkehr der strategischen Führung. *Harvard Business Manager, Mai 2008,* 10-18.

Nagel, R. & Wimmer, R. (2008). *Systemische Strategieentwicklung. Modelle und Instrumente für Berater und Entscheider.* Stuttgart: Klett-Cotta.

Neuhaus, C. (2006). *Zukunft im Management. Orientierungen für das Management von Ungewissheit in strategischen Prozessen.* Heidelberg: Carl Auer Verlag.

Pillkahn, U. (2008). *Trends und Szenarien in der Strategieentwicklung. Wie Sie die unternehmerische und gesellschaftliche Zukunft planen und gestalten.* Erlangen: Publicis Corporate Publishing.

Porter, M. E. (2008). Die Wettbewerbskräfte neu betrachtet. *Harvard Business Manager, Mai 2008, 20*-26.

Porter, M. E. (2000). *Wettbewerbsvorteile. Spitzenleistungen erreichen und behaupten.* Frankfurt am Main: Campus.

Porter, M. E. (1999a). *Wettbewerb und Strategie.* München: Econ.

Porter, M. E. (1999b). *Wettbewerbsstrategie. Methoden zur Analyse von Branchen und Konkurrenten.* Frankfurt am Main und New York: Campus.

Prahalad, C. K. & Hamel, G. (1990). The core competence of the corporation. *Harvard Business Review,* (May-June), 79-91.

Quinn, J. B. & Voyer, J. (1996). Logical incrementalism: Managing strategy formation. In H. Mintzberg. & J. B. Quinn (Eds.), *The strategy process: Concepts, contexts and cases.* New Jersey: Prentice Hall.

Rall, W. & König, B. (2005). Aktuelle Herausforderungen an das strategische Management. In S. Hungenberg & J. Meffert (Hrsg.), *Handbuch Strategisches Management.* Wiesbaden: Gabler.

Ratcliffe, J. O. (2006). Challenges for corporate foresight: Towards strategic prospective through scenario thinking. *Foresight, 8* (1), 39-54.

Rohrbeck, R. (2008). *Towards a best-practice framework for strategic foresight. Building theory from case studies in multinational companies.* IAMOT, 2008 "Creating and managing a knowledge economy", Dubai, UAE, 1-15. Zugriff am 10.11.2008 unter www.rene-rohrbeck.de/documents/Rohrbeck_(2008)_Towards-a-best-practice-framework-for-strategic-foresight_Paper.pdf.

Rohrbeck, R. & Arnold, H. M. & Heuer, J. (2007). *Strategic Foresight in multinational enterprises - A case study on the Deutsche Telekom Laboratories.* ISPIM-Asia Conference, 2007, New Delhi, India, 1-12. Zugriff am 10.11.2008 unter www.mpra.ub.uni-muenchen.de/5700/MPRA_paper_5700.pdf.

Ruff, F. (2006). Corporate foresight: Integrating the future business environment into innovation and strategy. *International Journal of Technology Management, 34 (3 & 4),* 278-295.

Schwarz, J. O. (2008). Assessing the future of futures studies in management. *Futures, 40,* 237-246.

Schwarz, J. O. (2006). *The future of futures studies in management: A Delphi study with a German perspective.* Unveröffentlichte Masterthesis, University of Stellenbosch.

Simon, H. (2007). *Hidden Champions des 21. Jahrhunderts. Erfolgsstrategien unbekannter Weltmarktführer.* Frankfurt am Main und New York: Campus.

Simon, H. & von der Gathen, A. (2002). *Das große Handbuch der Strategieinstrumente. Werkzeuge für eine erfolgreiche Unternehmensführung.* Frankfurt am Main und New York: Campus.

Slaughter, R. A. (2002). Beyond the mundane: Reconciling breadth and depth in futures enquiry. *Futures, 34,* 493-507.

Steinmann, H. & Schreyögg, G. (2002). *Grundlagen der Unternehmensführung. Konzepte - Funktionen - Fallstudien.* Wiesbaden: Gabler.

Steinmüller, K.-H. (2005). Methoden der Zukunftsforschung - Langfristorientierung als Ausgangspunkt für das Technologie-Roadmapping. In M. G. Möhrle & R. Isenmann (Hrsg.), *Technologie-Roadmapping. Zukunftsstrategien für Technologieunternehmen* (S. 81-101). Berlin und Heidelberg: Springer.

Steinmüller, K.-H. (Hrsg.). (1997). *Grundlagen und Methoden der Zukunftsforschung. Szenarien, Delphi, Technikvorausschau.* Gelsenkirchen: Sekretariat für Zukunftsforschung.

Steinmüller, K.-H. & Albert, B. & Burmeister, K. (2002). *Reader: Workshop Zukunftsforschung Teil I. Grundlagen. Methoden. Anwendungen.* Essen: Z_punkt GmbH.

Thommen, J.-P. & Achleitner, A.-K. (2003). *Allgemeine Betriebswirtschaftslehre. Umfassende Einführung aus managementorientierter Sicht.* Wiesbaden: Gabler.

Tsoukas, H. & Shepherd, J. (2004). Coping with the future: Developing organisational foresightfulness. *Futures, 36,* 137-144.

Voros, J. (2005). *A generic foresight process framework* [Eine frühere Version dieses Papers erschien 2003 in *Foresight, 5* (3), 10-21].

Welge, M. K. & Al-Laham, A. (2003). *Strategisches Management. Grundlagen - Prozess - Implementierung.* Wiesbaden: Gabler.

Wenger, F. & Steinmann, M. (2005). Corporate Strategy - Alte und neue Perspektiven. In M. Seyferth, S. F. Hoffmann & M. Ulmer (Hrsg.), *Corporate Strategy. Aktuelle Herausforderungen und Perspektiven.* Bern, Stuttgart, Wien: Haupt.

Freudenberg Unternehmensgruppe: www.freudenberg.de (Zugriff am 05.09.2008)

KSB AG: www.ksb.de (Zugriff am 05.09.2008)

Sick AG: www.sick.de (Zugriff am 05.09.2008)

Voith AG: www.voith.de (Zugriff am 05.09.2008)